黃冠英 著

紅太陽沒有照到我身上

45年9月台灣義勇隊女隊員在漳州合

1937
1937
慘烈反擊 — 松滬會戰
(1937年8月至11月)

序
貴在真實，重於人性

吾友黃冠英先生將其《紅太陽沒有照到我身上》的稿本傳發給我，要我幫助「審閱」並寫篇小序。他說這是從正在寫作中的幾十萬字的親人回憶錄——《草根人家》中摘選出來的，寫的是其姑媽黃羽美女士的真實故事。書之資料，大多來自於姑媽的日記、信札與口述。姑媽現在已年高九十五歲，期望能看到成品。於是想獨立出本小冊子，以便作為生日禮物獻給老人家。老友眷眷孝心感人肺腑，我不好意思回絕，但說「審閱」卻不敢，勉為其難，就試寫點讀後感吧。

粗粗瀏覽一遍，看得出本書不是虛構的，但作過剪接，寫的全是主人公親身經歷的大事小事，好事壞事，順事逆事，件件具體，細節生動，頗為親切可信。所寫雖係一人的經歷，但能折射當時的社會形態。作者的文筆流暢而且準確，情感飽滿卻不泛濫，可讀性較強，是能吸引讀者的。老黃告訴過我一個笑話：他是經過整整二十年的爭取，才成為中國共產黨員的。而在黨支部進行討論表決時，有老黨員在會上當面表揚他「經得起我黨的長期考驗」，「其實早就應該是個黨員啦」。他當時只是靜聽，可心裏卻想，如果早些入黨，豈非連這個優點也沒啦？……可知他是歷經特別的磨練，其所謂的黨性修養我不會懷疑。然而在寫這本書時，卻能擺脫政治集團偏激觀念的約束，站到人性的高度上，作了實事求是的記述，而實事本身便充滿政治色彩。正確與謬誤，都從主人公所經歷的事實中自然顯現。

比如，二戰將近結束時，黃羽美踴躍投身於抗日救國陣線，參加開赴臺灣收復國土的義勇隊。只因日本投降，義勇隊其實尚未開展工作即被解散了。可是這一難得的義舉，在大陸卻被說成是加入「反動派的外圍組織」，她因此而遭受歧視與打壓。一個曾經的中學教師下教小學，卻領取最低工資。一九五七年鳴放時她寫大字報「毛澤東的陽光沒有照到我身上」，也是切實感受，訴說真話，從此卻被「內定中右」，打入另冊，變成歷次政治運動的「死老虎」，或直接受批，或當挨鬥「陪伴」，層層加壓，使之三次瀕臨死亡的邊界。夫妻分離三十來年之後，文革期間，夫君抵達香港卻不敢走過羅湖橋，因為他剛從被稱為「紙老虎」的美帝國主義那邊過來，也許聽過太多的反面宣傳，這時害怕回國碰上「會吃人的真老虎」。這是真實的心理負擔，大概在國外的不少華人學者、專家，當時未能回歸祖國，這也是原因之一……作者就是這樣只擺基本事實，未加評說，但極左政治之危害不言而喻。

當然，作者極重親情，寫到忍不住時候，也會或借主人公之口，或自己出面，發表一通議論。比如在險惡的政治運動中，黃羽美掙扎在生死線上，三次幾近自盡。其中的第三次，就在安排好後事，準備跳河自沉之際，文革之風突轉，群眾鬥爭矛頭指向當權派，她才躲過一劫。這時，作者借主人公之口寫道：「想來也怪，所謂的文化大革命不知害死了多少人，連開國元勳、國家主席都未能幸免，但我這條不值錢的小命，卻真是被它所救下的，是那張《炮打司令部》的大字報，轟走了我的死神！」《炮打司令部》是毛澤東為打倒劉少奇而親手寫的大字報。這是在讚揚毛澤東嗎？是對禍害全民的「文革」作了「一分為二」的評斷嗎？如真這樣，便是違逆了全面否定文化大革命的主旋律，當屬不可容忍之錯誤。事實當然不是。這只是特殊個人的特殊體驗，是發自內心的真實感慨。我敢斷定：只要明白當時的具體情景，無人不信那就是真情實事！

寫完黃羽美為了會夫，歷盡折磨，向主管的公安機關申請出境，次次遭到拒絕。作者也曾親自接觸過經辦的官員，明白了問題之所在，終於沉不住氣寫道：「『勸留』、『內控』、『政策』……幾組詞彙於是常在我眼前晃動、飛轉起來，忽然又織成一隻巨手，握住一張大網，撒向人間。那些被罩住的人，不得動彈，不得喘氣，也別想逃脫而去了。我感到恐懼，那編織與拋撒這張大網的人，都煉就了一套『寧錯殺千人，勿放走一人』心腸，人性固有的憐憫與慈悲已經銷蝕殆盡了！」作者的視野已很開闊，其同情、憐憫甚至為之激憤的對象，顯然不僅僅是親姑媽一人，而是包括已被極左政治殘害的「非正常死亡」與「非正常活著」的人們了。

改革開放以後，黃羽美出境到香港，申請入台卻被拒絕，怕她是共產黨的間諜，海峽兩邊都不歡迎。作者說她成了「豬八戒照鏡子——裏外不是人」。不用說，這就是無辜的普通老百姓成為政治鬥爭犧牲品的突出例證。黃羽美抵臺灣與當教授的丈夫會聚，心情自然歡愉，然而喜樂的日子其實沒有多久。丈夫因病逝世，她帶著兩個幼孫待在孤島，舉目無親，頓時陷入極大的困境，可是這時倒是得到了眾多認識與陌生，相關與無關的人們的有效的支援，得到從沒有過的友好、真誠的關愛，作者接著這樣寫：

「姑晚年皈依宗教，誦經禮佛，情緒較快安定、平和。每每回顧在大陸的遭遇，會想起壓制宗教信仰，強調階級鬥爭與路線鬥爭的社會環境。頂層的權力爭奪，以『政治』名義運動群眾，如洪水猛獸滲透社會各階層，泛濫成災。人人幾乎無不成為犧牲祭品。那獨立思考，不隨波逐流的有識之士首當其衝；而仁厚忠直，不會看風使舵的笨鵝如姑者，也成打壓重點。只因極左路線的統一調控，無處不是『精英骨幹』——黨團員、積極分子，在背地串聯，暗中策劃，羅織罪名，公開整人。說是打擊的僅僅百分之一二三，但因扭曲人性，搞得世態混亂，人人惶惶不可終日。同事傾軋，父子反目，夫妻離異成為見怪不怪的平常事。她自己被暗劃『中右』，公開處分、降職，長期如牛耕作卻只領超低薪水，被歧視、輕蔑，時時處於可能失業的陰影裏，生不如死……反觀小島臺灣，她不知何為『政治』，不知誰是『黨團員』，但也接觸到不少『積極分子』，那便是和藹可親的鄰里，是心腸熱切的同事師生，是初次謀面即鼎力相助的基督教徒與佛家蓮友。在身陷絕境的困窘中，舉目無親卻有源源不斷的關愛……偉大領袖毛澤東不是說過：『世上決沒有無緣無故的愛，也沒有無緣無故的恨。』姑在日記裏感嘆：『人間有溫暖，溫暖在臺灣！』」

這是一段嚴肅、沉重的文字，明知所言者為「個案」，並不能以偏概全，但從人性的正常需求無法得到起碼的滿足看，卻有相當的典型性。我相信作者書寫之時是經過慎重思考的。他原為忠誠的中國共產黨員、唯物主義者，這時卻完全著眼於對人性的關愛，對可怕可憎的極左意識形態與缺乏人性的政治制度，發出強烈的抗議。

值得一提的是，《紅太陽沒有照到我身上》文成於二〇一〇年，到四年後的七月，作者收到表妹從臺灣發來簡訊，云乃母緣於當年是「抗日復土義勇隊」成員，剛得到「一點榮耀」，即臺灣抗日協會舉辦隆重的盧溝橋事變七十七周年的紀念活動，黃羽美榮幸受邀與會參宴，且獲紀念章一枚。作者於是補記一段《遲來的榮耀》，最後寫道：「這榮耀來得太遲了，假如老姑還留在大陸，怕還是得不到！」淡淡一筆，只道事實，未加評論，讀之不由又想起她正因加入這個所謂的「反動派的外圍組織」而陷入冤情，長期被社會遺棄到底層旮旯裏，當然也會為她能在九十四歲高齡有個「光明的尾巴」而欣慰。同時，又不能不聯想到海峽兩岸意識形態的差別，並為大陸糾正與克服極左政治錯誤的不徹底性而感慨唏噓！

本人不太懂得文學，但略知文學作品技巧固然重要，真實性才是其生命力與靈魂。此書也許技巧不足，但故事真實，話語真實，作者的心懷更是坦蕩真誠的。我問過吾友黃冠英，如果有人說你這篇文章是「反對共產黨」的，能同意嗎？他說誤會了，共產黨剛創立時是非常親民的，制訂「為人民服務」的宗旨，發誓為苦難民眾謀福利、求解放，是符合歷史發展潮流的，很受廣大民眾的擁戴，否則不會取得後來的歷史地位。這個連上帝、佛陀也會認可的宗旨，至今仍明文寫在黨章之中。只是後來掌權者發生異化，走向反面了，在相當長的時期實行極左統治，於是造出太多的聳人聽聞的歷史悲劇。對這個就不能不反了……。很清楚，吾友現在反對的正是極左的政治錯誤。他反對背離了人民性的所謂黨性，抨擊滿腦極左思潮的黨內掌權人。毛澤東不也承認「黨內無派，千奇百怪」嗎？任何政黨都存在著左中右是客觀的事實。吾友歷經滄桑，見過怪事，實在厭惡、排斥和反對踐踏人性，殘害善良的極左政治，盼望愛護生命，尊重人權，充分民主與自由的社會早日形成，讓人人能過上平靜、正常的好日子。其老來仍辛勤筆耕，大約也僅為此。

本書體量不大，但基本上能體現這種精神，值得一讀。

李德清　二〇一四年八月十五日　於雪梨

目次

送出又贖回的小丫頭

黃羽美是我的三姑，名本為「羽治」，她嫌不好聽，上中學後自己改為「羽美」。

她排行雖屬第三，可我沒叫她「三姑」過，一直就稱「阿姑」，寫信更簡單，只著一個字——「姑」。這是因為早在印尼時，祖父說到唐山的親人，只提過「阿姑」與「阿姐」，沒說過還有大姑、二姑以及其他親人。習慣成自然，別人也不以為意。

姑的生活經歷很曲折、坎坷，還有點傳奇色彩。她給我講過，寫信提過，定居臺灣以後，甚至連日記本也交給了我。我心裏視她為母親，大概她也把我當兒子吧。她的故事，容我慢慢道來——

姑出生在中秋節。我聽阿母梨阿說過，是她陪阿公出門扔胎盤的。那晚天上月正圓，照得村莊很明亮，樹呀房呀莊稼呀，看得清清楚楚。他們順著大浚溝走，找到一個小「魚倉」就扔進去。「魚倉」是別人在溝旁挖成的水坑，裏面堆填一些碗鉢大小的溪石。浚溝的水流，長年不斷，小魚順流而下，就鑽進這石頭窩窩不走了。隔段時間將水舀乾，搬掉石頭，在坑裏就能捉到很多魚，所以叫「魚倉」。這些魚，有土虱（鯰魚）、丁斑、泥鰍、孤呆、白鯽等還有蝦、蟹、田螺……最多是土虱。阿母說，「來回的路上，都沒聽到阿公講過話。」可見添個女流，他不太高興。

姑姑出生在這樣的好家庭、好日子，似乎與祥雲聚繞差不多了，大吉日。她卻一開始便迫入不順暢的道路。她給我寫過一封長信，大體經歷都講到了：

回憶我所走過的路，也夠坎坷崎嶇的……

從出生說起吧：雙親已有一女一男，即我大姐和大哥。父母仍然希望再生個男孩。那年爹四十六歲，娘四十一歲。古曆八月十四日夜子丑（當屬十五日中秋節的前半夜），娘生下了我，竟然是個女嬰。大失所望之下，就想把我送人，再抱個男孩來接奶。重男輕女的親生爹娘全無骨肉親情，不久就放出話去。鄰居有個叫「陣嬸」的來說，溪對面的白葉村有人要小孩。爹娘點頭了。那天陣嬸涉溪跑去落實，恰巧下了大雨，溪水暴漲。陣嬸回不來了。而本鄉賣煎豆腐乾的「漁嬸」，提著籃賣到宮邊（黃家祖厝），聽娘說欲將女嬰送人，便說：「不必送白葉了，竹仔林的洽嫂剛失去第一胎嬰兒，正需要有個接奶的。我抱去給她好了。」就這樣，未滿一個月的我就來到洽嫂家。洽嫂就是我養母，但與我輩分同屬「衍」字，所以後來她們讓我叫成「二哥」「二嫂」，但我對他們則視同父母。

我娘是官家出身，爹是不折不扣的文人，按理說，應該會疼愛親生骨肉，不歧視女嬰才是。不幸，他們偏偏竟是典型的重男輕女。也許正因為他們太講究身分才這樣吧。父親因逃避土匪，很早就遠渡重洋，到印尼做小生意。生我時，他已是第二度或第三度回國的，而且還在宮後厝蓋了房屋，準備從宮邊祖厝搬出。

我小大姐十六歲，大哥也大我七歲。將我送出以後，娘先後買過兩個男孩，但都在未過門時死了（聽說有一個是生梅毒，頭上爛了個洞），後來大概「認命」了，就沒再買，但還是沒把我接回來。在我的記憶中，只有哥常去看我。

娘似乎把我忘了，從沒去看過我。不久我養母「二嫂」也生個女嬰，他們同樣想買一個男孩，因而打算把我賣掉。因為一來我不是親生的，二來我大他們之女兒兩歲，更值錢。當時小女孩的價錢是一歲十元。由於我是白送給他們的，他們商量之後還是先通報我的親娘。我娘即寫信告訴我爹。爹趕緊寄來六十大洋將我贖回（我虛歲六歲，正好值六十元）。我於是得以重回身生之家。

其實我當時實足才四歲，記得那天是大哥抱我回來的。開始我很不習慣這個新家，沒有小孩玩，冷冷清清，還設著大門小門兩重門，我打不開，很想回到「二嫂」身邊。有一天「二嫂」叫她之童養媳來帶我回去，我滿心歡喜。但哥要她背我才肯讓走。她只大我三四歲，個子又瘦小，我很不情願讓她背，可是又很想去，無奈只好讓她背一段路，一到屋角的轉彎處，我就溜下來自己走了。

「二嫂」經常打罵這個養女，有時打得她躲進桌子下，還要拖出來再打，連我也怕得哭了。她的小臉頰上常有「二嫂」的指甲痕。我很同情她，有回去，總是跟著她。她去浚溝洗東西我也跟著。對「二嫂」的親生女兒倒沒啥印象，但記得有一次她用燒得通紅的火夾子刺在我左腳掌彎處，痛得我大哭，且暈將過去。已經過去六七十年了，這個傷疤至今猶在，可見燙得多麼厲害！

我重回自家後，有人告知生我的親娘是哪一個，我便跟著哥喊她「阿娘」。但娘從沒拉我到她身邊親熱過。我被關在屋子裏，沒有玩伴，沒有玩具。哥也到外鄉念書去了（鄉裏只一間私塾）。我還是覺得在「二嫂」家快樂些。後來「二哥」「二嫂」買來個男孩慶春，「二嫂」又生了三春、建璧等。子女一多，他們對我已無愛意，但我仍然熱愛著他們。

我八歲時的二月份，母親帶著童養媳梨阿去南洋找我父親，丟下我獨留在家。那天，有人叫我去宮邊找五嬸幹什麼。我很聽話地走了，可是心裏覺得家中氣氛不太一樣，不知欲發生什麼事，半途又踅回來。到家一看，娘與梨阿不在了。我明白她們是騙我出門然後跑掉的，但我並無放聲大哭，大概是平時娘沒給我多少母愛，她在還是不在，無所謂。

她們叫宮邊的五嬸（父親之五弟媳）出來陪我。五嬸很早就守寡，有一女一男，女的已出嫁，男的叫猴伯，也讓爹帶到南洋，正在爹的店裏幹活。她在舊厝也只一人獨居，所以叫來就來了。五嬸瘦瘦地，纏著小腳，走起路來一跳一跳的。我也很愛她，經常跟在她後面走，踏在她踩過的腳印上。可是五嬸是勉強來的，並不情願。她性情孤僻，不耐孤寂，天天往舊厝跑，去找一位好友聊天。每天早上吃完飯，她拿把米放進鍋裏，再放些水，叫我中午自己燒成粥吃，就走了。白天，我與鄰居大我半歲的女孩秧姑（貞典之姑）一起玩。那時我們家的房子剛蓋不久，周圍有很多瓦片、小石、小草，我們就用碎瓦片盛花、草、泥、沙玩「過家家」。有時則坐在灌木樹枝上搖來搖去盪秋遷……秧姑回去吃午飯時，我就進廚房燒火煮稀粥。土灶很高，我人矮夠不著，就搬張椅子墊腳，舀粥來吃。晚上五嬸回來了，進門就抱怨：「我像隻大姓狗，來替你們顧大厝！」我小小年紀，無以應對。我這時對娘的離去根本不在乎。五嬸白天不在，到晚上才回來，我也沒意見。

有一次挑擔賣桃子的經過，我把他叫過來，要五嬸買幾個給我吃。五嬸很生氣，雖然買了，但很不情願，過後到處宣揚，嚷得全村的人都知道。她說她沒錢，還要買給我吃，又說她是一文錢掰成幾塊來用。當時我小小心靈一直在想，「天下一定是我們最窮的，父親為什麼不寄錢給她呢？」其實父親每月都有寄錢給她，而且是雙份。一份是我們的生活費，另一份是她兒子猴伯的工錢，猴伯也是在父親的店裏做工。五嬸不疼愛我，又住不慣，因而屢發牢騷。

從買桃子之後，五嬸每晚回來，不是埋怨「做狗看大厝」，就是對我喊窮……天天念叨。我從此沒敢再叫小販來買東西。看到人家吃油條，我覺得又香又脆，多麼想嘗一口，但不敢做聲。晚上我本來與五嬸同睡一頭。不知為什麼，她突然要我睡到她腳邊的另一頭去。我不肯，爬過來，她則搬過枕頭換過去。無奈我求她：「那你要替我蓋被子哦。」她又到處說，讓鄉人都知道。早上起來，她拌好飼料，讓我放雞出來餵，叮囑「要看著，別讓狗偷吃掉。」自己便出門了。晚上要我把雞趕回窩。有隻大公雞很不聽話，在外面亂跑不進窩，我趕得滿頭大汗，也很生氣，就站在大門口叫：「五嬸，你就不會來幫我一下？」她又將這句話四處訴說，嫌我在「教訓」她。五嬸不敢吃肥肉和雞肉，當然我也沒得吃。可是有一回「祀辰」，殺了隻雞，五嬸煮好盛一碗放在長椅上，讓我坐在小板凳上吃。我瞪著滿碗黑乎乎的雞肉和湯，一點胃口也沒有。我不敢走開，也不敢說不吃，呆呆地面對雞肉湯……我那時才實足六歲，怎能吃得下那麼一大碗呢？後來趁五嬸到外面去，我偷偷地倒進泔水缸裏去。

不久，娘從南洋寄來一些東西，有父母的照片，有我的衣服、玩具，還有兩把小陽傘。我看了居然高興不起來。那陽傘有股怪味，人們說是香的，我卻既怕又討厭，一次都沒使用過就被蟑螂咬破了。我從來沒玩過玩具，所以也不大興趣。有一些能吹出聲音的小片子，也只玩一下，便送給竹仔林「二嫂」的養女。還有些挺好看的扭扣也送人了。幾件新衣服自己穿，可是年紀太小不懂愛惜。我穿著一件的條紋新上衣到地裏摘地瓜葉，然後抱回來作豬、雞的飼料。胸前全沾上了葉汁，污跡斑斑洗也洗不掉。五嬸不教應該提籃子去裝地瓜葉，一件新衣立即變壞了。那時我在地瓜田裏常被瓜藤絆倒，跌傷了膝蓋。五嫂不分青紅皂白，都用黃枝仔和燒熟的小芋奶搗成糊，為我塗上，膝蓋因而經常都是黑紫黑紫的。中年以後還演變成膝關節炎至今，也許就是當年埋下的禍根。

鄰居看到南洋寄回來的相片，都說「你娘吃得很胖」。我跟著也「哼啊，是啊」順口說說。其實我知道娘本來就是這樣，當時我也沒有胖與瘦的概念。

後來娘得了胃腸病（說是水土不服），很快瘦了下來。在我十虛歲時，娘與梨阿回來了。有人向娘搬嘴講，是我看照片時說她吃得胖會才瘦下來的。娘便責怪是我「咒」了她，害她得病。我一個窮鄉僻壤的八歲小女孩，連是胖是瘦都不太清楚，哪裏懂得什麼咒不咒？竟被親生母親冤枉了。不過，我似乎並不在意，既不懂得辯解，也不會承認，好像與自己毫無關係似的。娘先是重男輕女不要了親生的女兒，後又聽信別人胡言亂語，將無妄之災加於女兒。官家出身的娘，怎會這樣無知識，無智慧，無愛心呢？實在可憐！自古以來，重男輕女者有之，但疼惜自己骨肉者更多。何況那時我娘只有一女一男，而且大姐已經出嫁，家庭經濟又好，何至於如此待我？我真的想不通！

母親回國後，五嬸就回宮邊去了。那年小宗祠有辦小學，娘讓我也去上學，這點使我覺得有親氣。

娘診醫服中藥，不見有效。每天天亮時就起來拉肚子。人家說這是一種難治的「五更瀉」（我後來猜想可能是慢性阿爾巴痢疾）。她們從印尼帶回不少燕窩、鹿筋、海參之類。梨阿每天都燉燕窩合高麗參給娘吃，其實這種病並不適合吃這些。大家沒有醫學常識，娘每天都吃，而病情並無好轉，照樣瘦骨如柴。外婆從劉塘來了。娘對她很孝順，每天都要為她煮點心。家裏存有不少的甘味，如蚵乾、鎖卷乾、墨魚乾等等。每次抓一把浸水做佐料煮麵線，味道都很好。娘總是先裝兩碗，是給外婆和自己的。鍋裏剩一點，再添些水、地瓜粉漿和青菜，拌一拌煮開，給我、梨阿和貴阿吃。我習慣了，當時並不計較，況且肚子一餓，有吃就好。有時偶然發現碗裏還有塊鎖卷（小魷魚乾）或蚵乾什麼的，便先夾在碗邊，想待最後再放進嘴裏慢慢嚼著品味道。未料娘看到後，說聲「你不吃嗎？不吃我吃！」不等回答即從我碗裏夾走了。這個母親真是的，事隔六十多年了，那情那景，我如今仍歷歷在目！娘帶回幾盒餅乾，小小一塊圓餅，上頭還綴一朵小糖花，狀極可愛，是鄉下從未見過的。客人來了，梨阿便拿出一小碟。我很眼饞，可是不敢討。待客人走了，伸手拿一塊，還會被梨阿白眼。她馬上收起，藏到不知什麼地方去。有一次我患瘧疾發高燒，娘磨了犀角湯給我喝，我頓覺涼爽許多。娘坐在床前陪我（當時我跟娘睡），頗親近，感到慈母之可親，便趁機向她表示愛吃那種有糖花的「菊花餅」，給幾個好不好？娘說：「等你病好才可以吃。」後來病是好了，但餅卻永遠沒吃到。不知是娘忘了，還是娘捨不得，我又不敢重提醒。

梨阿待我不好，有人說是「衝了馬頭」。娘與她回來那一天，我正和哥去井邊抬水，那時我家自己沒水井。記得是個冬天的黃昏後，天黑得看不清人臉。忽然聽到有人迎面叫「景福」（哥的名）。我一看是梨阿和娘回來了。她走路，娘坐在轎上。當晚梨阿給了我一個貝殼戒子和幾張貼在布匹上的商標，但沒多久又討回去。貝殼戒子我倒不以為意，商標卻的確喜歡，因為是鄉村裏根本看不到的。她有很多，可是就不給，求她讓多看一眼，她也不肯。有人說是由於那天抬水時，在井邊是我第一個看到了她，「衝了馬頭」，所以不會跟我好。這次娘重病歸來後，似乎把家裏的大事小事全交給她了。她儼然成了管家婆，其實管的也只是我和貴阿兩人。貴阿是買來的，認頭認路，叫做什麼就做什麼。娘的馬桶也是她給倒的。有一次外婆對娘說：「馬桶應該叫梨阿去倒，她是大人，貴阿還小。」大概是不忍貴阿的操勞與看不慣梨阿的囂張，有意讓娘袒護貴阿些吧。娘卻不置可否。她一面不敢忤逆外婆，一面也不為難梨阿，可能是知道身體如此，家務須全靠梨阿，而梨阿也繼承她的秉性，一樣勤儉持家，一樣吝嗇無比。不少番客嬸前來探詢，我家都會煮點心請她們，而她們往往客氣，有意不全吃掉。梨阿待送走客人之後，便將剩點心碗麵那幾片肉啊、蚵乾啊等佐料先撿出收起，再在剩下的加進青菜、地瓜粉重煮給大家吃。她自己絕不貪食，很得娘的信賴。梨阿指揮貴阿，貴阿認份聽她的，我可不賣帳。大姐已經出嫁，大哥在外讀書，家中只我是親生的，雖然娘沒給我應有的母愛，但也沒有太多的管束。我心想你梨阿是個大人，但是童養媳，你不能讀書上學，我為什麼要聽你的指揮呢？我有一絲絲的自豪與驕傲，不服她管。有一次她下田挖芋頭，叫我跟著去拔草。我手指拔痛了便坐在田埂上，不理她。回家後她向娘告狀，娘真的罵我給她看。還有一次她讓娘叫我去撿豬糞。我好久才回來，糞籃裏卻空空的。娘輕聲細語叫我過去，等我走到她跟前時，突然左手抓住我，右手拿木條打我屁股。娘當時已瘦骨如柴，沒有多少力氣。我掙不脫但能跑，就拖著娘轉圈。我在圈外，娘在圈內，轉了幾下娘就暈了，只好把我放了。這是我唯一被娘打的一次，當然是梨阿告的狀。我與梨阿的關係很糟。她是大人，我是小孩。仗著娘寵她，屢罵我，話也狠毒。我罵不過她，索性不與她講話。

母親實在太吝嗇了。我十歲念小學時，母親竟連一文錢也不給，我只好自己去小商店賒出紙和筆。那年十一月父親回來，年底才替我還了三毛多的紙筆錢。長大後回憶，當時怎麼敢去賒？如果父親沒回來，我不知該如何被打被罵呢！我讀四年級時，去頂潘讀過一學期，大概因為老師就是大姐夫，可以不必交學費吧。我每次回來討紙筆費，母親都不給。有一次二毛錢才夠買簿子，她只肯給一毛，我負氣連一毛也不拿就走了。後來她才叫貴阿追上來，給了我二毛錢。暑假後因母親病了，秋季我沒去讀了，從此休了幾年學……

大嫂扶持自己走路

姑休學期間，大約是我母親畢業回家之時。掌家的大權自然由阿母梨阿轉到我母親手上。母親疼愛這個小姑，操勞家務之餘，便督促、指導她讀書寫字。這段時期，姑大讀家中的藏書，先是《蘭花夢》，後為《龍鳳再生緣》等等，單《紅樓夢》就讀過好幾回，知道情節之外，還能背些詩詞，其中的《黛玉葬花詞》至今沒全忘。母親還輔導姑披讀《古文觀止》，背誦唐宋詩詞，打下良好的文學基礎。

由於閱讀大量的古典小說與古文，智慧之門也打開了，姑深知只有升學才會有前途，便求大哥和大嫂讓她繼續上學。可是我父親非但不肯，還認死「女人讀書無用論」。他說「你大嫂、玉燕等人念到了高中，一嫁人還不是在家帶孩子、掌家務？」姑想，潭邊小學沒開辦五、六年級的班，自己才念到四年級，連高小都沒念完。可是由於有我母親的輔導，她也勤於自學，讀了許多書，若論國文水平，已達初中程度了。姑於是寫信給祖父，要求讓她再升學。但想不到的是祖父回信說：「單身女子去城市念書多有不便」。姑覺得自己肩不能挑，手無縛雞之力，升學無望將來怎麼辦？每個晚上在床上飲泣，早晨起來眼皮都是哭得腫腫的，無奈之下，仍以閱讀小說打發時間。

姑十一歲時的冬天，祖父回來了。他立即帶姑在自己身邊睡。祖父從南洋帶回兩條木棉褥子，拼成一床，厚厚的好柔軟，好暖和。姑給我的信中說：「父親很疼愛我，我於是更不把梨阿放在眼裏。她罵我，我回她原話，不過小孩不會記恨。」

在姑十二歲時，祖父為梨阿螟來個丈夫，是鄰村徐內紫雲黃氏人家的男青年，改名叫黃衍度，比我父親小兩個月，因此姑叫他二哥。小孩喜歡新房，姑常去她們新房裏坐坐玩玩。這位新來的二哥，與大哥一樣待姑甚是疼愛。梨阿現在變成姑的二嫂了，但祖母沒讓姑叫她二嫂，所以還與從前一樣，姑與貴阿、梨阿仍舊互叫名字。姑給我的信中，有這方面的內容：

梨阿見我常去她新房裏玩就罵，叫我以後別去。我也下決心不再進她的新房。大概因為梨阿大二哥兩歲，是「妻大姐」，而且是先進黃家的，王車車（霸道之意），要指揮二哥吧，婚後不久兩人便鬧彆扭。二哥常去鄰居天津家唱南曲，還在那裏過夜。娘看了不忍心，唆使我去把二哥拉回新房。我猴在他身邊，硬拉回來，還要他講故事，爾後才自己回房去睡覺。當時大哥、二哥都很疼我，人都說我有兄弟緣。

二哥隨爹去南洋，大哥大嫂也各自回校繼續讀書。我仍讀小學，與梨阿鬥嘴不斷。她用惡毒語言罵我，我卻找不出壞話回敬。心裏因之懷恨，竟常想：「等我死了，做了鬼一定來抓你！」

兩年後，我母親生病了。我十四歲時母親去逝。娘去世的隔天，大家都還坐在鋪著稻草的地上哭。已經三年不相理睬的二嫂梨阿，突然在我耳邊說：「羽姑，去吃點粥吧。」這一叫令我愕然，我想大概她覺得再僵下去不好，先開口叫我了。從此也就恢復說話了。

母親去世後，大嫂就留下掌管家務。我失學已兩年，大嫂聯絡隔鄉溪西一位友人，讓我在她家寄午膳，我於是到溪西小學續讀。我早去晚歸，從四年級跳升六年級。當時課程有國文、算術、文範、尺牘、歷史、地理、自然、社會……很多科目。我這時年紀大些了，自覺性高，而且讀過不少舊書，基礎不錯。我每篇文範、尺牘甚至歷史、地理，問答題都會背念。算術也每考必滿分。作文與國文更是不費吹灰之力，均拿高分。全校老師都對我另眼看待。我也樂意幫助同學，為同學打作文草稿，甚至暗遞答題給他們，但我並不驕傲。同學關係甚好。

這時大哥出洋不在家，我和大嫂睡。姪女儀貞正在乳哺。有一次老師出個「冬夜」的作文題，我就用大嫂的形象，描寫一個站在窗前遐思的女孩。大嫂看了說：「還真有紅樓夢大觀園的筆觸呢。」六年級的下半期，我因瘧疾而自動停學，後來沒去參加畢業考試，當然也沒有畢業證書。隔年儀貞已斷奶了，大嫂接辦潭邊小學，一二年級合一個班，三四年級合一個班，五六年級合一個班。計三個「複合班」，請來一位年輕人幫忙。我正失學在家（一年），大嫂就讓我當助教。

那年秋冬大哥回來了，回來的目的是帶大嫂出國。春節過去了，大嫂一直猶豫不決。她放心不下這個家，因為二嫂身邊只有一個細蘭，另有玉蘭、貴阿和仍不能升學的我。二嫂也才二十出頭。而鄉下土匪猖獗，看來大嫂對如何安置我最是傷腦筋。此時她又懷孕了。哥因而遷延時日，幾次去了又回來，並告訴大嫂，在孟加錫有一表妹，天真活潑，尚未嫁人。有一次向他索要指環，過後他寫了一首詩：「索環似有意，贈環亦非難。唯恐自此後，難脫兩情牽」。大嫂只好隨他南渡，但總得把家安頓好。

那是一九三八年冬，大嫂對我說，讓我去升中學，要我也讓她出洋。我能升中學，當然答應。其實我哪有權力阻攔她出洋？是她放心不下我這小姑。他們十一月份出國，我至來年春，才以同等學歷考入泉州的泉中中學，走上了重新求學的道路。

我讀初中時正值抗戰時期，泉中內遷到南安南廳林路。那時物質貧乏，伙食甚差。廚房工友克扣米糧（一斤吃不到十二兩），學生不滿，風波不斷，廚工換過一薦又一薦，直到改用分米到人，以加志（草編）袋蒸飯，風波才息。每個學生肚子都唱「空城計」，營養不良。夜自修結束時，很多人都在吃點心，一小盤炒米粉二毛錢，又白又香。我非常眼饞，但想到一吃，兩毛錢花掉就沒了，三年下來都未曾吃過。每學期回到家中都瘦得像猴子一樣。

二年級上學期作文比賽，題目是「為什麼要禁絕鴉片」。我憑直覺寫下鴉片對人之為害，並不覺困難，不料竟被評為第一名。默默無聞的醜女生，一下子變成「才女」，全校同學都把羨慕的目光向我投來。而我並不以為意，連作文貼在哪裏也沒去看。後來叫我上臺領獎，獎品是一張「修辭立誠」的橫幅、一本四角號碼字典、一疊信箋。祖父樓上臥室壁上掛的橫匾，就是我當年的獎品。

我還有過一次挺「出風頭」的中秋晚宴。大家在廣場上過節，規定每桌要做一個節目。抽籤的結果是我們這一桌吟誦一首含「月」字的唐詩。大家七嘴八舌，叫我就吟《楓橋夜泊》。這當然難不倒我，張口就來。因為大嫂幾年中教我讀小說，讀古文，也教我背不少唐詩。這次吟後，據說老師們的評說是「音韻很好」。兩次「風頭」都是偶然得之，並非有意而為。我也參加童子軍結繩比賽、寫字比賽等等，都是平平的，但有一次栽葱了。那是夜晚廣場上的演講比賽。沒有燈光，一片寧靜。起先我講得較好，大家靜寂傾聽，講著講著忘了詞，堵塞了，全場嘩然。我從此什麼比賽都不參加了。

一個大轉折

姑的來信繼續寫道：

一九四一年秋，讀到初中畢業班時，爆發太平洋戰爭，僑匯斷絕，我又面臨停學危機。幸而二嫂梨阿雇人，從家中挑米送來學校給我，三餐有繼，才勉強度過這關。我到南安縣府參加聯考，順利畢業。畢業後，僑匯中斷，沒有金錢來源，無法再升高中，只好去小學教書。一共換過兩個地方，全聽校長的安排。但我還是很想升學。二嫂卻說：「人家說你已經可以教書了，不必再讀。」我自知初中算不得資格，在家休閒半年，想想自己本錢不夠，應該繼續升學，無力讀高中，就讀師範吧，因為師範供伙食外，還不必交學費。先是翻山越嶺去仙遊考師範，因路遠遲到了，未能趕上。旋又往南安溪尾考簡師。這次經同學介紹，先提前在基督教堂住宿，沒遲到，就考上了。但簡師簡師，只簡單地讀一年，於一九四五年春就畢業，算是取得比較合法的小教資格。我剛師範畢業，上下左右都沒個人可作靠山，找職業之難可想而知。八月底暑假快將過去了，尚未獲工作分配的消息，心中暗急，怕被漏了丟了，便想到縣府去探問。路經洪瀨鎮時，看報上有個「招考台幹班」的啟事，資格是「高中以上」。我雖只初中畢業，卻膽子挺大，當即轉往泉州報名，翌日上場考試。當時我剛從學校出來，基礎堅實，精力也旺盛，滿懷信心。一百多人報考，發榜時錄取五十名。我得了高分，名列第六。我興高采烈地回家收拾簡單行裝，隨隊從泉州共赴漳州受訓……

就是這三四天功夫，改變了我的命運，確定了我坎坷曲折的道路！

我們先在泉州集合，然後往漳州受訓。隊裏共有八個女生（泉州六個，漳州兩個）。受訓課程有日文、臺灣風俗習慣及三民主義等。不久聽說日本投降，中秋夜開宴慶祝。知道臺灣即將收復，可以去臺灣了。大家很高興。我忽然記起小學課本裏有一課叫《臺灣糖》，內容是：「臺灣糖，甜津津，甜在嘴裏苦在心……」現在果真要去臺灣了，真是高興！

這個「台幹班」全名是「臺灣義勇隊訓練班」，任務是「復疆」。台幹班直屬於中央軍委，主持者是少將李友邦。十月中旬，我們第三支隊從漳州開往廈門，又在廈門招收一批臺灣人，編成第四支隊。我被授銜少尉，當個小組長。與大家一樣，都佩帶白底紅字胸牌。記得有位少尉女兵隊長，先率一批人乘華光輪作先遣，不幸沉船，死了二十多人。我們分坐三艘機帆船，途經澎湖海峽時，顛簸得很厲害。而我剛出廈門港就開始嘔吐，暈得天昏地暗，連膽汁都吐出來。上岸一稱，輕了六斤。臺灣十月二十五日光復，我們十一月八日即抵高雄，上岸時已夜深，再換坐火車去臺北。在臺北聽首長訓話一星期，首長講話都用閩南語。可是僅一個星期後支隊即遭遣散。原因據說是支隊的總隊長李友邦與國民黨的三青團發生矛盾。國民黨派來的余陽，擬將台幹班收編為「三青團隊」，傾向共產黨的李友邦則不讓，余陽便以莫須有之罪將他槍決。三支隊兩三百人，每人發給二十七元，叫各奔前程。

人地生疏，何去何從？大家像無頭蒼蠅，團團轉飛不起來。上司於是出來安慰，說有門路可以自找，找不到的，是臺灣人就回家去；大陸來的，是三青團員，可以去找團組織……。這樣大部分人紛紛走了，最後只剩我和幾個既非臺灣人，亦非三青團員的同伴，沒處投，急得像熱鍋上的螞蟻。幸運的是彰化女中的李瓊雲來找她的女友，但那女友已經走了。而我是小組長，她比較熟些，問我去不去彰化女中任教？我欣然答應，立即就跟她走。我國文基礎還好，就教這門課。

發生「二・二八事件」時，我正在彰化女中教書。四支隊的施月仙、江彩霞、王正北也同在彰化女中。經三青團來的蘇寶藏擔任教務主任。這一來我們有好幾個同伴了。王正北年輕，是兒童團員，就當學生，在彰女繼續讀高中。江彩霞做校長秘書兼翻譯。我、月仙、瓊雲是教師。我們五人合住在校外的原日本人校長的宿舍。後來校長換人，我們也搬進校內。我與月仙、瓊雲住在大教室改成的宿舍。她倆是臺灣本地人。

外面傳來消息說，臺灣人在打「阿山」即大陸人，凡不會講日本話的就會被打。火車站、水溝裏都有被打死的「阿山」。外面還派彰女的廚房工人做很多飯團，據說是送給打人的臺灣人吃的。彰女的教師多為來自大陸的閩南人，會講臺語。但一些台人職員還是叫我們不要出去，說他們「對大陸老師會愛護的」。廚房工人也把飯菜直接送到我們的宿舍來。

亂哄哄地鬧了幾天，事件平靜後，我還搞不清楚是怎回事。後來才聽說，導火線是肇因於一私賣香菸的婦女被取締，引起台人聯合行動。而真正原因，是來台的國民黨大批官兵，不守紀律，貪污搜括，一副窮酸相，讓台人對祖國形象大失所望。他們本以為結束日本統治的殖民地生活，回歸祖國溫馨美好，沒想到「前面趕走了虎，後面來了狼」。據說在「二・二八事件」中，南京的蔣介石派兵彈壓，死人無數，臺北、基隆猶為嚴重，成為台人心頭之痛。以致延襲到後來的「美麗島事件」、民進黨及台獨等等。現在「二・二八事件」已得以平反，被打死打傷的台人家屬都有金錢賠償，但被打死的「阿山」，只能永遠含冤於地下了。

「二・二八事件」過後不久，彰女也鬧起一場流產的「罷課風潮」：有些人欲驅趕大陸來的老師，策劃罷課。消息被學生透露出來。大陸老師於是反過來罷教，初、高中班沒人上課了，學生們哭泣，都來求老師上課。經過兩天才平息。一位參加罷課行動的台人音樂老師。最後寫下悔過書離開彰女。學期結束，跟我們一起的女校長也辭職。我在彰女三個學期，校長也換了三位。

在彰化女中一年半，我即轉至臺北建國中學任教。原是彰化女中教導主任的孫嘉時，先已離職，改到臺北的建國中學任職。臨行時，他曾對我說，如果也想去臺北工作，可到建國中學去找他。一九四七年夏，我果真去找他。他也一口答應，並馬上給了我一張建中的一年聘書。就這樣我在建中任初中的國文、地理教師。我在建國中學教書一年半三學期，有所幸也有所不幸。幸的是遇上一位心上人，不幸的是工作上的黴運也跟著來了——有當權者排斥沒有後臺的教職員，我即首當其衝……

鴿為媒

上文提過，姑的生活經歷「有點傳奇色彩」。

何謂「傳奇」？有一種說法是，傳奇指情節離奇或人物行為不尋常的故事，是古代的若干文體……我的理解簡單得多，就是姑的遭遇太不尋常，尤其是她的愛情與婚姻。他倆的出生日子就很奇特：姑丈生於初一，姑生於十五。不是普通的每月都有的「初一十五」呀，而是：一個爆竹聲中迎春首，一個共與嫦娥度中秋！這種巧合本應最美妙、最理想。然而，他們的戀情固然十分甜蜜，婚姻卻並不美滿。何止是不美滿，簡直是嚴酷的遭罪——雙方「鰥寡」孤獨，分離整整三十一年！

被姑稱之為「心上人」的是陳道，又名陳奕堆，一九一三年春節誕生於福建泉州，畢業於福建省農學院昆蟲系，後為臺北大學植物病理學研究生，這時正兼職於建國中學，教授英語與礦物。姑也在建中教國文與地理。那時姑與一位英語女教師林其華，共住大教室以半牆隔成三間的教師宿舍裏。姑與林老師為鄰。

姑這樣回憶初見「心上人」的事：

一九四八年五月二十日，天氣晴朗溫和。下午沒課，我獨自經過植物園，徒步到影劇院看《人猿泰山》。回來時已五點多鐘。我走上樓梯時，隔壁的林其華老師突然對我說：「小黃，開門抓鴿子！有隻鴿子在你房間裏。」我開了門，果然有隻鴿子畏縮在牆角下。我一伸手就抓到了，蠻乖的。我從未養過鳥，看到這隻可愛的小鴿子很高興，撫摸個不停。

林老師說：「小黃，這鴿子可能是陳道老師的。」

我說：「管它是誰的，飛來找我，就是我的。」當時雖然已經二十多歲，但仍未脫童稚之氣。玩一陣子後，覺得沒地方關它，不能讓它滿房間飛，便抱過去對林老師說：「你說是誰的？那就麻煩你抱去還他吧，我沒地方放。」

林老師是個肥胖的中年婦人，深度近視，抱著鴿子一顛一顛地去了。我也準備做飯，在房子角落裏的小電爐上煎點剩飯。不一會兒，聽到樓梯響，林老師叫道：「小黃，出來！」我走出房間一看，林老師前面還有個抱著鴿子的男老師，約三十來歲。林老師又說：「這隻鴿子不是陳道老師的。」那男老師也說：「怕林老師抓不穩飛了，我代她拿過來還給你。」我想，既然不是他的，我只好自己餵了。怕它亂飛，便回房取來剪刀，準備剪掉它的雙翅。小時候在家裏，看過大人剪雞翅是橫著下刀的，現在也想照樣做。那男老師卻立即阻止了，他說：「不是這樣剪的，應該直的把軟毛剪去，留下中間那根硬的。」說時已經動手幫我剪了。我心想，這個人滿細心的。林老師說：「我為你們作個介紹吧，他叫陳道，她叫黃羽美。你們還是小同鄉呢。」一說是「小同鄉」，自然便問起家住何處？他說是泉州人。泉州人？這就更加親切而無拘束了。我即請他進房間裏坐坐。我們便用家鄉閩南話聊開了。我坐床邊，他坐椅子，但只以半個屁股靠在椅子的一角上。他仍感拘束。

他說過「家屬在廈門」，我還以為是指妻子兒女，況且又是同鄉，我談話也就更大膽些。我說：「陳先生，我沒地方放鴿子，這隻鴿子就寄你吧。」他養著一群鴿子，因而爽然答應，捧著那隻鴿子告辭。走時說，他就住在右邊圖書室後面走廊邊上的那間小房子，請我有空過去坐。

過了幾天，我想也應該買些飼料送去吧，於是到泉州街五穀店買包豆子之類送去。他很高興地招呼我，請我坐在床沿上，自己則坐在小桌子前面的唯一椅子上……

人一熟悉，話自然多起來。姑的感覺是「此人細緻、博學，從天文到地理，從動物到植物，幾乎無所不知」，也覺得陳道很能講，滿動聽的。慢慢才知道，其所謂「家屬在廈門」，原來是指他正就讀於廈門大學的弟弟，以及伴隨在弟弟身邊的父母。有一次，他談到物質運動話題時說：「桌子也時刻在變化」。姑便想起對陳道似乎有意的天津籍女教師鄭寶如曾說過「這個陳道，一點小事兒，都能講出一套理論來！」的話，果然非虛。既然知陳道住在學校圖書館後面，作為同鄉，姑後來時亦去看看他。只見他房裏一床一桌一椅，臉盆雜物全置於床下。門洞內的小閣樓上有個電爐。鴿子籠則放在長廊上。

對於一隻白鴿牽引而認識的陳道，姑給我的信中是這樣描寫的：「他是位聖人君子，作風非常古派，口才極佳，路邊一棵草都能講半天。有個晚上窗外飛進一隻蛾，被他捉住，從這隻蛾開始，竟也為我講解了一個晚上。他講得那麼認真，彷彿在給學生上課。幾次交談之後，我非常傾慕他，他也非常鍾愛我。兩人如同磁鐵互相吸引，墜入情網，整個暑假都沉浸在熱戀之中。我們常到對面植物園裏，坐在荷花池邊的涼亭上，共享寧靜無人的夜色。他很健談，簡直將自己的所有經歷、遭遇都向我傾訴，而且非常生動感人。他談到如何隨家人去了仰光，又如何作難民返回大陸；談父親要他到廈門當學徒做生意，他有位讀過礦物的堂親叫陳允敦的正在安溪，他於是也到安溪，邊做工人邊學礦務學；還談他將全部存款留給弟弟奕培，而隻身到福州去讀農學院，因沒有衣被而與同學合用；談他承接父祖的秘傳，為不少人治好過疑難病症……如聽平話故事，像看無顯影電視，我聽得很入迷，毫無倦意……我想，認識陳道也許是宿緣吧。他像是十全十美的英俊白馬王子，使我一見鍾情，全心全意地愛上了他。覺得他人格非常高尚，似乎世界上人再沒有比他更好的了。可是我與陳道的結合有緣無福，我們成婚六十四天，離別三十一年。長期盼望，好不容易重逢相聚了，八年中他卻病了五年，最後也離我而去，永無歸期！」

姑曾對我說，在這世上，她最敬佩的男人有兩位，一是父親黃和譽，一是丈夫陳奕堆。關於父親，她寫過的一篇悼念文章，我已放進〈我的祖父〉一節中。對於丈夫的思念，姑則傾瀉在一本《如煙》的小書中。對於他們聚散離合，我也曾寫過短文〈柏葉與竹芯的故事〉，可視為一個粗略的提綱。這些且按下不表，待後再選摘些來……。

初賞辛酸

如果說，姑的自小被送出家門以及求學過程中的委屈，尚在童年、少年時代，可能也像我一樣，「少不更事，天真爛漫」，因而對外部世界仍覺不缺陽光的話，那麼步入社會，尤其是解放以後，在極多數國人「歡欣鼓舞」的年代，她卻備嘗人世的辛酸了。她的遭遇絕非什麼「一個階級壓迫另一個階級」，而是社會人性的扭曲，是時代性的悲哀，不管發自小家庭，還是大環境。

一九四八年初秋，我跟隨阿公回國，在廈門杜家友人辦的旅社，等候自臺灣來的姑，以便一道返鄉。聽說一艘從臺灣過來的機帆船翻沉了，由於事先得知姑乘的正是這艘船，嚇得我們兩眼都直了！後來才知道，姑推遲了時間。是冥冥之中有神仙在保佑嗎？不，是準姑丈陳道（奕堆）做的好事。

原來，他與姑正沉浸在愛情的甜蜜之中，怕阿公這位剛從海外歸來的老華僑，會將女兒強嫁給人人羨慕的「番客」，便將姑已經買好的一艘載炭船的船票退掉，自然也把翻船的災難推開了。可是姑能不回去嗎？遭盡滅頂之災的老爹與幼侄正在廈門等著她呢。姑真誠地對他說：「非汝莫嫁，請放心，我保證！」陳道當然相信，但仍放心不下，說：「你拿什麼『保證』？」姑於是衝破一切舊觀念以身相許，臨別之前，就在基隆的旅社裏作了「最徹底的保證」。這一「保證」，帶來六十四天的無限幸福，也拖出幾乎是一生的不幸。

姑來廈門後，我們祖孫三代怎樣回到泉州，又怎樣從泉州去劉塘，我已經記不清楚，但灰頭土臉地從一輛沒後蓋的卡車上爬下來的狼狽情景，至今歷歷在目。阿公丈母娘的家在劉塘，岳父岳母早已謝世多年了，但阿公是個大孝子，回歸故里的第一站還是選定劉塘，而且沒忘帶去豐厚的禮物。劉塘的下輩人也十分敬重這位「老姑丈」，特備三乘竹轎子，一路抬送，直回潭邊老家。三乘轎子，阿公坐一乘，行李放一乘，姑與我坐一乘。那時我瘦如猴精，雖十歲了，但仍輕輕的，就坐在姑的腿上，一如投進母親的懷抱裏。晃悠悠地坐轎上，本是欣賞一路景色的最好時機，可是祖國給我的第一印象，竟是無比的蕭條與凄涼！我看到的山，居然樹木稀疏，草都不長！看到的牛，也與山一樣灰不溜秋的沒有一根毛（後來才知道是水牛），看到的村莊，房屋散落不規整，許多房子土牆已經剝落，門前全堆滿柴草，看到的人，眼神呆板，穿著的全是黑灰色的土織布衣服……哪是荔枝、龍眼？阿公平時為我描繪的唐山美景，一點兒都找不到！不過我心裏還是滿高興的，因為有個姑，這樣地疼愛我，讓我體會到從未有過的溫馨！

回到家後，我就一直跟姑睡，就睡在大房裏那張母親的大鐵床。姑總喜歡輕揉我的耳朵，說我的皮膚像我媽一樣細嫩。姑還給我講梁山伯與祝英台的故事……可是姑沒住多久又去臺灣了。現在看了姑的筆記才知道，原來她發現自己的生理起了變化，月經不來，乳房腫漲，立即去信告訴陳道「怎麼一觸即成」？陳道來信叫姑趕往台結婚！姑於是帶上祖父在香港為她買的橙色滾邊的太平洋行棕色毛毯。阿公自嘲為「如夾尾狗一樣回來」裏中羞澀，一心又想完成「美新居」建築的「偉業」，送給姑的嫁妝，大概也就是這條純羊毛的毯子了。

姑匆匆去結婚，可那是怎樣的「婚禮」喲？沒有嫁妝，沒有新房，沒有家具，沒有新衣裳，甚至沒有登記因而也沒有證書，沒有照相，沒有婚禮，只是在報上發個極短的「啟事」，藉以通知熟悉的朋友就完了。用姑丈陳道的話講，是「活人何須死文件來證明？」

婚禮如此潦草，當然不全是有超高的「思想境界」，收入拮据也是重要原因。倆人都剛工作不久，能有多少錢？姑一直沒忘，他們的「新房」還是陳道的那間圖書館後面的小房間，一床一桌一電爐，臉盆雜物放在床底下……「床還是單人床，小小一張，擠下兩個老大的人」，姑說，「但是感到很滿足！」

事後，朋友中有的抱怨沒有通知他們，有的則「補送」禮品。建國中學的學生看到啟示，合買一個山水大鏡框送來，姑想應該請大家吃喜糖，便賣掉一隻金戒子買糖果、餅乾。一位姓封的同事請他們看了場《文天祥》的電影，責備他們不該沒讓他知道……二坪見方的小房子，擠睡兩個大人的單人床，小鍋小盆，電爐碗筷，日子卻過得很舒心，真可謂清貧夫妻感情足，恩愛日子比蜜甜。然而僅僅六十四天，因為父親年邁，公婆膝下無人，都得照顧，加上懷了一員，必須為分娩籌謀，姑於是再回大陸。

就在這時，人民解放軍的大軍南下了，一下切斷海峽兩岸的聯繫。姑與姑丈以及全部有關係的兩岸人民，從此便在「統一」的「希望」中捱度時日。

一九四八年春夏，姑先在泉州民生農校當圖書館管理員，生一員後一個月即解放。後來躲飛機，到潭邊在家待六個月，這時帶著小女一員。姑初始在潭邊小學謀得教員職務。這時她的心情仍然很好，因為有「希望」在心中。教書有收入，一學期八擔穀子，也得阿母的歡心。姑教書非常認真，課餘還參加排練多幕話劇《南瓜記》。這是反映「階級鬥爭」的大戲。姑飾一位農婦，我飾農婦的兒子阿寶，我的表兄吳淵源飾阿寶的父親。阿公從南洋帶回來的一張搖椅，是他平時半躺著看書用的，也被借去當道具，放在地主惡霸的家裏。可是還沒用上，就被幾個好奇的演員一起坐下去，壓斷了。《南瓜記》演了好幾場，上下農村的群眾都很歡迎。可是小學裏的大同學卻嘲笑我了，碰面就說：「你是淵源是孩子，你和你姑去偷別人的大卵帕……」「卵帕」閩南語（與南瓜諧音），是男人的陰囊，氣得我橫眉冷對，真想給他們一拳，可是他們比我大，人也多，無可奈何！當時農村的文藝活動很多，社會上有農民運動會，學區有定時會演，輪流在各鄉的小學裏舉辦。姑就負責排練節目，教學生唱歌跳舞。有個被追捕未獲的黃及時之妻潘清梅，偶爾到學校裏來，順便也幫姑輔導一兩次。鄉長黃駒駝，腰彎得如同魯班尺，但階級覺悟特高，政治嗅覺特靈，他發現之後，即以「階級陣線劃不清」為由，在學期結束時，給姑下了驅逐令。不讓教書就沒有收入，姑說：「這下又被梨阿看不順眼。這時一員又滿身生瘡，髒衣裳一大堆，也沒人來幫我洗一下。我只好一手撈出來放在石板上，一手以衣捶敲打……」正好小叔陳奕培從廈門來信，讓姑到泉州後街去服侍翁婆，姑便去做了一年的家庭主婦，照顧倆老。姑在家鄉只教一季便走了。不久她接到阿公的信，知道她在潭邊時，其實已為正式教師。鄉長擅自除名完全是「亂來」。這消息是從潭邊小學的潘聰頡老師那裏得到的。姑不知道，也不懂得抗爭。

　　姑在家鄉初嘗苦果，情緒卻沒受多大影響，因為心中的「兩岸統一」的「希望」仍如火焰般在燃燒。在泉州，姑曾在街政記帳二十來天，街政派她去幫忙收過糧。後到市教育局登記求職，被分配到離家不遠的新隅小學當教師，月薪大米一百五十斤。翁婆喜得笑眯眯的。可是階級鬥爭之弦緊繃起來了，人與人之間猶如鬥眼雞，沒事也要生出事來，何況我姑的經歷如此複雜。反右中雖不夠格當右派，暗地裏還是被劃為「中右」。她便像一個傳染病號，人人都怕接觸，又像扯碎了的抹桌布，隨手可以亂扔，於是從新隅小學而開元教養院（小學）、而班雲小學、而浮橋新橋小學，而新門小學，而且像隻「死老虎」，處處挨打，受盡冷漠與鄙視。她傷透了心，從反右到文革，三次產生過輕生的念頭……這在後面另有專文記述，這裏先講講我親歷的家裏「戒子事件」與「毯子風波」。

姑婚後從臺灣再回家鄉時，帶來好多好吃的東西，有硬糖軟糖，有連殼花生那麼大的東北糖豆，有啪啪脆的甜蠶豆，還有許多叫不出名字的好零食，都放在大櫥櫃裏。愛吃什麼，由我隨便拿。我以為姑很有錢，才能買這麼高級的東西「分糖仔」，後來看了她的日記後才知道，她這也是「屎龜子頂石板——硬撐」的！這次急匆匆地往台結婚，所帶台幣大陸行不通，又不敢向祖父要錢，姑成了「一文錢也沒有的窮光蛋」。她在廈門住淑真即建姑的家庭旅社，沒錢買船票。正好冬嬸的女兒秀香請姑去她家。看到抽屜裏有個金戒子，猶豫一下，心想，「賣了它船票問題就可解決了」，臨時起意，便順手牽羊果真辦了。可是隔天秀香即發現戒子沒了，叫姑去問。姑頭脹大了，只能疾口否認，因為做賊太丟人了，沒勇氣承認，再說即使承認，也已沒法奉還……此事像塊巨石，壓在她心頭整整四十年，最後才上門作翻倍的償還，了卻一樁心事。可是又連環引出另一個小風波（待後再說）。完婚後回來時，買下糖餅甜豆之餘，基本上又用光了錢。在廈門仍住建姑家的旅社，還向建姑借一美元買了車票，才回到泉州。分送鄰里的高級糖餅的「風光」，竟有這樣深沉的無奈！

當年我父母出洋時，把我姐留在家裏，明說將她「給」了二嬸梨阿做女兒。姐會講話後，母親便一直讓她叫二嬸「阿母」。我回來，也跟姐一樣叫。在姑回台補辦結婚手續歡度蜜月這段時間，我本是與阿公共眠的。可是看到阿姐與阿母睡，覺得那才有「母愛」，硬將姐姐置換過來。記不住阿母給我灌輸些什麼，我一來二去竟有些疏遠姑了。待姑欲下泉州時，想帶床較厚的好棉絮，我卻聽從阿母的唆使，硬扯著不讓。姑只好帶走一條被老鼠咬了個大洞的棉絮，還有一條滾金邊的紅毯子。但這又為阿母落下話柄了，因為那是阿公從香港為她買的。阿母說：「阿姑貪心，自己的毛氈拿去給你姑丈，現在又來拿我的。不知她在廈門得了多少阿公的手頭！……」我說沒有，沒看到。她說：

「你小孩不懂事，哪能知道！」此事我已經漸漸忘了，後來姑常怨嘆提起，我於是又想起來。

在泉州期間，姑所受的政治、經濟壓力最大，近乎掙扎在死亡線上。她一邊教書，倍受欺凌，一邊撫育女兒一員，清苦度日，一邊還服侍翁婆，做盡家務，直至送終。而對娘家照樣記掛在心，不時接濟老父親，而且不忘關照我與姐。我小學畢業時，先是讓我下泉州考中學，我太笨沒考上。第二年換我姐去，先留在她身邊續讀，後考上中學。為什麼沒讓我再考第二次呢？她說：「是考慮到阿公重男輕女，你姐留在家裏多半會失學，最後成為農婦，而你肯定不會。」這是她親身體驗過的，我當然完全相信，為姐慶幸，一點兒都沒怪她。

柏葉與竹芯的故事

上世紀末，在姑移居臺灣後，我曾寫過一篇簡述她與姑丈的散文：

姑姑自臺灣帶來一冊小影集，裏面有一幀是柏葉與竹芯。大概是擱置的時間久了，柏葉金黃，竹芯青灰，不甚起眼。我想，姑丈是臺灣大學教授、植物森林病理專家，自製標本也屬常事，不大引起注意。後來聽姑姑一說，才知道其中竟埋藏著一段深沉的愛情悲劇，而且浸染了太多太多的時代色彩，說它「可歌可泣」，猶為未過！

故事得從抗日戰爭末期說起。那時，我姑姑剛從南安簡師畢業，熱血沸騰，接著考上「臺灣義勇隊訓練班」，編在第三支隊。簡稱「台幹班」。她學後被授以少尉軍銜，開赴臺灣進行「復疆」活動。然因不久日本投降了，台幹班於是解散。她便到臺北建國中學任教。有一天，一隻白鴿子飛進她的宿舍，由是認識了個養鴿愛好者——在同校兼職的閩籍台大研究生陳道。白鴿牽引認識之後，這兩位年輕的老鄉從相識到相戀，經過半年蓮池交心，終於結為夫妻。

然而甜蜜的生活僅僅過了六十四天，之後便是漫長的分離。

悲劇是從姑姑來廈門與祖父和我相會開始的。祖父早年遠渡重洋到印尼謀生，辛辛苦苦建起一個溫馨的家。可是太平洋戰爭前後，家發生一系列的不幸：我的母親病逝、商店被飛機炸毀、父親又罹海難……一個溫馨的家被天災兵燹摧毀了。老祖父不堪人亡、家破、財盡的打擊，凄然攜我而歸。姑姑便從臺灣來廈門迎接、撫慰，並一路護送我們回歸故里。就在這時候，祖國的時局發生遽變——大軍南下，福建解放了。臺灣海峽戰雲密布，國共怒目相向。姑姑與姑丈在兩岸對峙中成為一對長相思、恨別離的苦命鴛鴦，並且一直延續了整整三十一年！

世態的變化如同洪流旋渦，人似乾草枯葉，不得不隨之沉浮。海峽那邊，姑丈為追求學術、擺脫尷尬處境，請兩位好友「擔保」後，往美國攻讀森林病理博士學位；海峽這邊，姑姑生下表妹後，靠小學教師微薄的薪資清貧度日。後來，「階級鬥爭」之弦越綳越緊，有台幹班經歷與留美丈夫等「複雜背景」的她，「理」所當然地被打入另冊，倍受歧視，政治上、經濟上均遭打壓。別離的苦悶、凄涼、貧困的生活、無端的加罪……使她三度輕生險些自殺（她曾實地看好泉州新橋頭、浮橋溪和吊烏井，擬作為投水之處，只因表妹太小，年幼無依，才不忍最後一躍）。她多麼渴望夫妻團圓，多麼希望有一扇可供依靠的堅強肩膀！

二十年過去。一九六九年姑丈從美國來到香港，以為從「文革」的大亂中可以接家眷出去團圓。姑姑也一次又一次申請會夫，但次次被「勸留」。不得已，她懷著熱切的心情趕往廣州，企望在近距離說服丈夫回國定居。在廣州一家簡陋的「北京旅舍」裏，她接到了他的電話，那音色，那聲調，還如二十年前的一樣，真是親切無比，多少怨懟，頃刻間雲散煙消！然而，當她倆進一步交談時，分歧出現了。這邊說：「你回來呀，快點！」那邊說：「你出來，一定！」主觀因素、客觀條件，雙方的理由都很多，誰也說不服誰。逗留廣州十天時間，姑修書九封，送出多少拌和淚水的央求與激勵，還是未能鼓起姑丈跨過羅湖橋的勇氣。也許是受了過多的反面宣傳，也許驚恐於前車之鑒，他竟疑心她在通話時還受監控，「沒有講真話」，於是幽幽地說：「毛澤東說『美帝國主義是紙老虎』，紙老虎一戳就破。共產黨如果是真老虎更可怕。我學的是些草木學問，祖國目前並不需要，倘若回去當上個『反動學術權威』，一生心血豈不付諸東流？！」姑姑被噎住了，彷彿從天堂跌入地獄，淚如涌泉。她驀地記起自己的遭遇，記起多少學者、科學家甚至共和國的元帥、主席的厄運……她心涼了，不敢再堅持己見，也不再責怪他「鐵石心腸」、「頑固不化」。面對如鐵一樣的「兩難」現實，她只能肝腸寸斷，悲痛欲絕！

她如游魂浮屍徘徊於珠江之濱，呆望濁水打旋流逝，又找到個僻靜之處，任痛苦啃噬肝腸，好久好久，才拖著沉重的腳步回到旅社。因為經濟拮据，她選住的，是個一百多人共擠一間的大廳房，一半為男鋪，一半是女床，而中間居然沒有遮攔。她住的是第七十床。時臨春節，過往旅客進一批，走一批。女客多為軍人家屬，顯得喜氣洋洋。只她孤苦零丁，倦縮在角落裏。長別的辛酸、政治運動中的委屈、清水煮白菜的無援日子，一時全湧上心頭，多想嚎啕大哭以解千愁啊，然人多眼雜，只能蒙在被中悶泣，此情此景比死還艱難！她歷年節衣縮食積蓄的那點盤纏也將耗盡，便斷然決定不理丈夫了，趕快回閩與女兒做伴過年。決心既下倒也釋然，她買條香蕉就著冷饅頭吞下肚，徒步前往黃花崗，看到龍柏青青，心又有所動，隨摘綠葉一片，歸來後，夾在信中寄往香港，注云：「拜謁烈士陵園，採柏一葉，可表吾心與之一樣堅實，情也永青。我今歸去，願夫君前程珍重！」當日下午就登上火車離開羊城。

姑姑旅穗客居十日，又甜又苦又愛又恨，希望而來失望而歸，其複雜的心情，我無法真切描摹。她當時含淚寫下十餘首詩詞，且錄三首，或可窺豹：

別時容易見時難，一水如隔九重天。咫尺天涯未處聚，淚血空灑珠江邊。
愁腸百結不展眉，苦守為君人笑痴；命舛如斯須早死，天庭人世兩不知！
為會夫君作遠行，凄風冷雨泣穗城。蠟炬也解愁人意，一夜陪淚到天明。

就在此時，姑姑接到表妹從泉州來信，說學校催她回去「參加清理階級隊伍學習班」。姑姑知道姑丈回來已無望，一九六九年二月十一日晚寫下這樣一段日記：「一個痴情傻瓜女，一個薄幸負心郎。您是美國大學博士，我是中國人民教師。我不配做你的妻子。若說是，那是一九四八年的事，而今時過景物非，為你憔悴是白費！擦乾淚眼，抬起頭來，振作精神，踏上歸途，獨來獨往，如游魂飄蕩……陳先生，從今以後，再不會去勉強您了，以前的事，請原諒！」似乎已聲沉淚盡了，然而那萬般無奈之情，全溢於言表。

姑姑回程經過福州，在我處小住一宵。她憔悴蒼老之態令我吃驚。為趕赴除夕，她翌日即回泉州。母女相見，自是一番抱頭痛哭。

在香港的姑丈接到柏葉信時，很感意外，尤其不辭而別，正表示她的無限哀怨，而他徒嘆無奈，不久便也悄然離港。後來，他也在信中夾來一節制成標本的帶葉竹芯，但沒有文字說明。不過姑一見便會意，那是表白高風亮節，如竹君然！

歷史無情。他們苦煎苦熬，一晃又是十年整。因緣際會，方於一九七九年重逢於臺北。姑姑剛步入教授別墅的大門，猛然發現，她寄去的那片柏葉已製成精美的塑封標本，壓在桌面玻璃下，自然是為的經常觀賞。姑丈說，思念至極，他偶亦佩之於胸口，特別在你的生日。姑姑後來取出珍藏的竹芯標本，與這柏葉並排，叫孫輩拍照，以志紀念。

歷史是不能「假如」的，但我常這樣想：假如兩岸硝煙早熄，假如兩岸的互通往來早日實現，假如極左先生們的人性良知未泯，姑姑與姑丈何至於成為如此悲劇的主人公？「假如」當然已沒有任何意義了，幸而歷史還算有情，最終讓他們圓了殘破的夢，雖然為時未免太晚了些。

姑丈陳道奕堆

我在讀初中時候，曾對姑丈寄有厚望，以為臺灣解放之後，姑與表妹自然也會過去，而我也有機會到臺北大學去讀自己喜歡的專業。因為姑丈是台大的教授嘛。然而希望終成肥皂泡，我從未見過他，連表妹也從未見過這個親爸爸！對於他的情況，我不太瞭解，姑也不會知道太多，只在說自己的《一生簡述》文中，帶過六七句評述，說姑丈「身體健壯，容貌端莊，舉止正派謹慎」，「辯才無礙，學識廣博」，「真正是點燈也難找到的理想對象」。姑丈一向低調過日子，不張揚，尤怕媒體記者追踪，然而正所謂「是真玉土埋亦生煙」吧，就在姑登上臺灣島的第二天，一家台報竟刊出一篇關於陳道教授的連續報道。題目是《陳道，啖出了平凡的樂趣》與《學有專精，情有獨鍾——陳道固執得像塊磐石》：

他從未申請研究獎助金，因為他覺得填表太麻煩。他說，做學問是自己的事，何必掏別人的荷包？

他連家的住址都記不住，也弄不清到學校的那條路叫什麼，只知道那是一條單行道。

他——陳道教授，自認為活得很單純，不讓雜事沾身，不過問名利。度過大半輩子悠悠歲月。他越來越愛自己，愛自己甘於平淡，像個「傻瓜」一樣。

每天，他背個大書包，從舟山路的宿舍，慢慢踱到臺灣大學植病系研究室，教書做研究，一待就是一整天。書包內幾乎被壓碎的幾片餅乾，是他的午餐。

他很怕應酬，因此有人說他「不懂事」。他惟一的辯解是：「學校聘請我，不是要我來『懂事』，是要我把學生教好的。」

但是，他並非特立獨行，他那垂著老花眼鏡的飽滿臉龐，尋不出一分知識分子的孤傲。

他常常下鄉，幫助農民解答疑難：那一株果樹受到病菌襲擊，該怎麼防治？他翻遍臺灣大大小小的山頭，帶回將要腐朽的木塊，作為研究的素材。

在實驗室中，他靜靜地觀察腐朽菌的活動，卻很少發表心得。尋找大自然的奧秘時，他的態度始終嚴謹。

他常常告誡學生說：「他們應該把論文收在抽屜裏面，過幾年再拿出來，看看哪裏不好該刪，哪裏還可以修改。」

因此，在學術界，他不太有「成績」。年近花甲，他才在美國拿到博士學位。許多學生比他先升級當了教授，但他們都敬愛他，公認他對學問的執著，靜觀萬物而自得，不是容易達到的境界。

「很多人以為，我的生活很單調無聊，其實我很『有聊』。」他養鴿子，從五歲起就延續著這項嗜好。他沒有數過現在養多少隻。他早起，料理鴿子的三餐，晚歸後「點名」，看鴿子是否都回籠了。

此外，他自己燒飯做家事，家裏有個小小的實驗室，每天都收拾得很整齊。他不因獨住而散漫，他有出世的思想，卻也要求自己有入世的作為，生活在一定的軌道上。他認為，一個普普通通的老百姓，必須守著這條「自然」鋪設的軌道。

該做的事情太多，他沒有時間看報，但他還能知天下事。比方說，夜晚回家時，他發現路燈沒亮，問宿舍守衛，便知道這是節約能源的措施。「不好的消息到了我耳朵，也就沒那麼嚴重了。」別人看物價上漲的報導而著急，他從來不想。憑這樣，他把煩惱減少到最低限度。

窗外，披掛著沉重的雨簾，正是個惱人的天氣。六十二歲的陳道，手支著桌沿，晃著一頭花白的平頭，神情自在而悠閒，彷彿參透這世間陰晴圓缺的變幻。

外人看他，把世事看得很淡。很少人知道，三十一年來，他一直對身陷大陸的太太守住一片深情。

民國三十七年他們結婚六十多天後，陳太太回福建老家，探望家人。大陸變色後，沒來得及逃出來。

陳道一直不放棄努力，托人把妻子接出來。一個世代過去了，他終於要達成心願。她將在近期內，輾轉來台和他團圓。

「內人已經出來了，不過現在生病，我叫她病養好了再坐飛機來。」他輕描淡寫地說。有人勸他去接她，他卻願意靜靜地等：「下周會來吧！要不然，再下周也會來啊！」

在他的心中，已經刻鑲下「太太」的永恆形象。他說：「太太就是太太，這是『實』的，不管在不在我身邊，不管她是不是漂亮，我是不在乎這些『虛』的。」

他們當年結婚，沒有婚禮，沒有證書，只在報上登個小啟事。他甚至忘了是哪一天。

「結婚，是個人感情的事，何必拿形式來約束呢？沒照片也沒關係，我的腦筋已經記住了她。」，「實在」與「虛幻」，在他心中有明顯的分野，他以此判斷萬事萬物，包括「愛」在內。

「她不來，我不會覺得遺憾。她來了，我會像年輕時一樣看待她。」陳道依然沒有改變語調，輕輕地帶過幾十年的牽掛。有一段日子，她可以收到他的親筆信，沒有深情蜜意的字眼，除了「平安」還是「平安」。

他始終相信「今年準備，明年反攻，兩人自然重逢」。她從不過問他是否再娶。她願意離開他們已出嫁的女兒，來照顧他的生活起居。這是天經地義的事。

這個常引用老子言論的老人，拿「自然」來詮釋一切。他一再強調他的單純平凡，末了還說一句很富哲理的話：

「我喜歡像一粒沙一樣，飛來飛去，別人不注意，而沙子知道自己的存在。」

他的研究室，在椰林大道旁那棟古老建築的三樓，樓梯的牆壁斑斑駁駁的，屋角還有一股爛木頭的味道。

天一亮，他就來了，直待到天黑。

日日、月月、年年，他忠於這單調的生活，也安於這生活的單調。

陳道，臺灣大學植病系教授。

他有一段曲折的故事，他認為是命運，而他是宿命論者，因此對一切處之泰然，即使在訴說時，也平靜得像在說別人的事似的。不看電影，不看電視，不看報紙，不逛街，連吃飯也不喜歡有花樣，每天中午總是一個饅頭或幾片餅乾就打發了。

唯一的嗜好是養鴿，從五、六歲就開始養鴿，養了半個多世紀，對鴿子的學問有一籮筐。

他喜歡鴿子，因為鴿子是一種忠實的動物，它飛走了仍會飛回來，一生中只認定一個伴侶，失去了伴侶，它不會再找一個。

現在，他擁有五十多隻鴿子，確實的數目自己也記不清，但是對每一隻鴿的模樣都知道得一清二楚，那天少了一隻，他一定會發現。

他是個很固執的人，事實上，他就是靠這份固執過日子的。

抗戰時期，他在南京，有一天在報上看到一則新聞說有中國人被賣給日本人作奴隸，他看了大怒，從此拒看報紙，而且一直堅持到今天，這是他固執之一。

他在四十二歲那年才赴美深造，在美留學十年，他的學問和能力都很受人重視，有人要重金禮聘他，他毫不為之所動。美國人很奇怪問他原因，他理直氣壯地說：

「我要把在這裏學到的東西，用在我自己的國家。」

於是，他帶著博士學位回來，在講堂、在研究室做他認為心安理得的事。這是他固執之二。

他最大的固執，要算是他那曲折的故事了。

民國卅七年，他在建國中學教書，和同校的一位女老師結了婚，結婚時連結婚證書都沒有，他的理由是「活人的事何必用死東西來證明？」

婚後兩個月，太太因為要探望七十歲的老父親，還要照顧公公的生活，便決定回福建一趟。

沒想到緊接著大陸變色，太太沒來得及出來，這一別，就是三十年。

三十年之中，幾次有女孩子願意嫁給他，他卻了無再娶之意。

沒有結婚證書，甚至連結婚照片也沒有，但是他深深記得他的太太，她的音容笑貌，她的一言一語。

他就這樣守著、等著，他覺得這樣才能心安。做人處事，他認為心安是最重要的。

當然，在這期間，他也曾努力過，想設法把太太接出來。他曾在香港等過兩個月，等待的時候，他住在寺廟裏，每天看青燈，賞冷月，也參悟佛經。七個月過去，太太仍無法出來，他只好離去，心中並沒有過多的遺憾，因為一切都是預料中的事，而且，他已盡了心，也盡了力。

去年，陳太太輾轉從香港出來了，他以平靜的心情迎接見面的那一刻。三十年，在感情方面對他來說，是一段停頓，他對太太仍保留著三十年前分手時的印象。

他沒有去機場，只坐在宿舍裏等，當她穿了一件乳黃色的洋裝進門時，他站了起來，第一句話說的竟是：「你請坐！」

彼此沒有噓寒問暖，也沒有誰流下驚喜的眼淚，或是訴說別離相思之苦。

這曲折的故事，到現在有了圓滿的結局，如今回憶起來，他幽幽地說：

「人的一生之中，如果沒有那看不見、摸不著的感情在心中支撐著，活著還有什麼意思？」

中午時分，學生來幫他把帶來的冷饅頭拿去蒸熱，他笑笑說：

「以前我常常覺得，即使我明天死去，也了無牽掛，現在我有牽掛了，我會想到她怎麼辦？」

這話，雖然沒有羅曼蒂克的味道，卻流露了最實在的濃情蜜意。

想在水中死
——我三過鬼門關的內幕

解放初期，海峽戰事未息，我因避亂鄉下，就在故鄉潭邊村教小學。據說由於「壞分子」黃及時之妻潘清梅偶來學校找我，幫助排練學生的文藝節目，我於是「階級陣線分不清」了。只教一學期便被鄉長黃駒駝辭退。我只好單身下泉州找工作，先到市教育局登記。街政派我去幫忙收糧，後來教育局分配我到新隅小學。不久教育局派幹事汪有為來我校開展「反動黨團登記」。他是北方人，三十多歲，挺和氣的。每天晚上開兩小時的會，大家推舉我做記錄。我沒空發言，但也講了參加台幹班的情況，並展示一些當時的合影。我認為，以收復臺灣為目的的「臺灣義勇隊」不是反動組織。當場也沒人說是反動組織。可是過後一個叫王慶興的同事說，那是國民黨的一個外圍組織，也叫反動組織。我沒去理會他。後來才知道，王慶興原來是惡霸之子。

一九五二年秋開展土改運動。泉州市沒有土地，但是鄉下鬥土豪惡霸地主資本家的風聲氣勢，還是波及了。新隅小學是民辦學校，教學費用、教職員的工資等，是靠校長吳文楚從南洋募捐過來的。吳校長為人剛直，得罪了新門街的一些人。本校教員史肖伍、寧春槐、王慶興等便以吳「霸占貪污僑款」為由，搜集材料，欲將之鬥倒。把「吳文楚」三個字倒寫，張貼到新門街的牆壁上，讓過往行人都看到，還準備搭台批鬥他。但時任市長的許集美搞過地下工作，知道吳文楚的底細，不是什麼惡霸，還掩護過地下黨的活動，因而只批示「說理鬥爭」，要大家坐下來說理，算是對「發動起來了的群眾」的遷就。可是吳實在沒有貪污，經手僑資的那位僑婦出來作證說，當時她丈夫寄來的三百元，指明只捐獻一百元給新隅小學，另外兩百元是她的家費。她當場出示了那封捐款人的南洋家書。由於這位僑婦來學校時先遇到我，是我帶她走進辦公室的，於是引起批鬥者們的不滿，自此埋下了對我報復的禍根。也由於同情吳文楚，在評定工資時，我雖然當過中學教師，現在教小學，居然仍被壓為全校的最低薪。

這次「群眾運動」，吳文楚不但挨批，校長之職也丟了。換蘇春水上臺。一九五三年春季，不知是何原因，寧春槐忽然對我大發脾氣，拍案吼叫，手被自己拍碎的桌面玻璃片劃破、流血。我當時教書之餘還兼做著學校的衛生員，但無端受辱，平白挨罵，當然不會為他包扎止血。到這學期結束時，我莫明其妙地接到教育局的通知——調離新隅，而且久久沒說安排到哪裏。我知道遭人陷害了，很著急，怕失業，便托人到教育局詢問。據教育局的幹事施玉華說，調離的原因是我「刺傷了寧春槐的手」。果然是被誣告了，真是天大的冤枉！我想解釋、分辯，可是施玉華不聽。後來汪有為來安慰我，說我的工作會安排的。但我仍然非常焦慮，惟恐一旦失業，我母女以及姪女儀貞三人馬上會陷入困境。於是作了「最壞的打算」——如果被迫失業，我立即跳下新橋溪！我想，姪女可以送回娘家；女兒則送去廈門，讓她叔叔去撫養。我已經把僅存的四十多元從銀行取出，擬作為女兒的一段生活費，準備再寫封遺書，一並交給在廈門大學任教的小叔陳奕培。這樣，我無牽無掛了，新橋頭一躍可以脫離人間，也脫離了痛苦！

後來是得到我的原簡師老師廖博厚（現為民盟主委、副市長）的疏通，我才被安排到開元兒童教養院，繼續教小學。這時是一九五三年的秋季，我算是幸運逃過生死第一關。可是一九五六年評定薪水時，我又是最低一級。後來隱約聽說，新隅小學那些人之所以這樣整我，與一個叫陳宜心的作怪有關。此人卻是我丈夫陳道的堂妹妹，一個多嘴多舌，好布弄是非的女人。

一九五七年至一九五八年，全國「大鳴大放」。寒假時，全學區在溫陵第一中心小學集合「學習」。初起動員大家寫大字報，號召「幫助共產黨整風」，再三聲明「不打棍子，不戴帽子，不秋後算帳……」學校領導反復要求大家提意見，寫大字報。在這種氛圍中，我聯繫自身境遇，寫了兩張。一是「毛澤東的陽光沒有照到我身上」，是說我屢評低薪，比以前的收入還低，沒有翻身之感；一是「為什麼不解放臺灣？」，這是我的迫切希望，因為丈夫還在那裏。不料闖下大禍了，大字報被拍成照片存入檔案。同事間竊竊私語，恐怖的陰雲圍籠而來。運動後期，「鳴放」變「反右」，以當權派郭苔為首的有些人，馬上串聯起來，搜集、湊合我平時發的牢騷，無限上綱，羅織罪狀，對我狠批猛鬥，迫我檢查。我們陳家那位寶貝堂妹陳宜心，知道她堂哥（我的丈夫）那時正在美國留學，於是踴躍揭露，聯絡別人合寫了張嚇人的大字報——《美帝國主義的代理人——黃羽美》，污蔑我為「美帝的走狗」，是「裏通國外的大右派」。「陳宜心」三字大名赫然簽在上面。一石投水翻起波瀾，大家也跟著大寫我的大字報，接著是開會，我檢查，再挨批判，目標是要把我打成「右派分子」。其實，我原為臺北建國中學的國文老師，回大陸這幾年，卻都在教小學。我的水平不比人差，工資反而定成最低，所以很感委屈。我非常盼望祖國統一，希望早日夫妻團圓。這就是我寫大字報的「思想根源」。我「檢查」中索性說盡了傷心事。可是沒人敢表示同情，某些人更想壓我成右派。我怎樣檢查也無法過關。他們仍然鋪天蓋地亂批，欲加之罪何患無詞，簡直是想置我於死地而後快！我當時胃病正在發作，整天一口一口地大吐酸水。在這病體與精神的折磨之中，我便想，如果真定我為「右派分子」，我就只有死路一條了。這時姪女已考進泉州幼師，完全公費；女兒也大了些，我艱苦節儉，身邊也存到二百多元，她叔叔或我鄉下的娘家應該可以收留她。我在距離學校不遠的農民菜地裏，找到一口深井，是菜農用吊烏提水澆地專用的。只待確實公布我為「右派分子」時，此深井即為我安身之處！

運動進行到最後關頭，那些「積極分子」非要定我為「右派分子」不可。據說在黨在小組會上爭論很劇烈，好在組長周文炳堅持說我「不夠右派條件」，才得以幸免。我最後可以回校了。周文炳是位外省人，他理解我，同情我，關心我，也賞識我的文字表達能力。他與嗜好窩裏鬥的本地同事畢竟不同。

然而雖過了生死關，「積極分子」們並未輕意放過我，一九五九年八月，他們在「提意見就是反黨」之外，又揑造一條我「主動要求參加三青團」，最後我還是「享受」了「警告」一次，降薪一級的處罰。工資從每月四十二元五毛降為三十八元（從此以後一直到退休時才恢復原薪），而工作量反倒加重了，我同時得負責四年級的語、算、自然三科，外兼出納、圖書、保健三職，實在太忙，弄得我連中午、周末都離不開辦公室，而那時我已經動過痔瘡、扁桃腺、甲狀腺三次手術，身體非常虛弱。為什麼對我這樣狠呢？直到臨近退休才知道，原來我那時已被內定為「中右」，打入了另冊，所以一直不得翻身。那些損人利己的打手們則升官的升官，提薪的提薪，彈冠相慶。帶頭寫我大字報的堂妹妹陳宜心，也因「大義滅親」積極進取，「火線」成為光榮的共青團員。但也有「現世報」的，害人的郭苔後來被撤職，其妻據說也瘋了。佛說「萬般帶不去，只有業隨身。」誠然！

生死關又過一次了，可是這樣不公的「秋後算帳」，對我的打擊實在太大了，特別是政治高壓，使我喘不過氣來。開會時，我要龜縮在角落裏，低著頭，只管聽不能說，像罪犯一樣。上完課，獨往獨回，沒人敢打招呼，學生對我也另眼相看。我萬般愁緒只往肚裏吞，加上胃病加劇，胃酸過多，臉色蠟黃，一如泡浸多時的鹹芥菜梗。

原為開元教養院副院長的林秀將，調到班雲小學當校長。他認為我的教學經驗豐富，就調我來班小教五年級國文。一九六〇年他調去進奮小學當校長。班雲小學的校長由賈成舜接任。這時正處「困難時期」，班雲小學的教導主任兼數算教師林順亮率領學生上東岳山開荒種地瓜。我負責煮飯燒水。到暑假時，太陽大，氣溫高，甘薯地要澆水，勞動非常累人。我身體本來就太差，回程時實在走不動了，便安排學生走好以後，雇輛三輪車回來。這下壞了，校長賈成舜說我是「資產階級意識嚴重」，組織四校教師「聯合批鬥」，又一次把我弄得灰溜溜的，在學生中哪能還有威信？

在班雲小學還發生過這樣一件事，那個陳道的堂妹陳宜心，不是寫大字報污我「裏通外國」，因而讓我被扣上「美帝國主義的走狗」的大帽嗎。我調班雲小學後，一九五九年寒假（正月初二、三），這位「火線入團」的陳宜心到後城我的家來。我不計前嫌，以金針菜燉雞請她吃午餐。她竟忽然說：「奕堆嫂，班小發生一件緋聞，說有人與男教師亂搞男女關係，我一想以為是你……」這個惡婆娘，太藐視人了，竟然打上山門羞辱人。我想起早在我女兒剛一歲時候，她就曾當面羞辱過我，說「也不知道妹妹是不是奕堆兄生的！」這下又故態復萌。這樣的女人真是最典型的「以小人之心，度君子之腹」！我非常生氣，可是氣得說不出話來。班雲小學的「緋聞」確實是有的，那女的叫伍秀溪，而男的是林順亮，正是陳宜心自己的表妹婿！我們還都是「親人」呢，政治大環境把人的靈魂扭曲而至於此者，真是莫大的悲哀！

我在班雲小學時正值「三年自然災害」，大倡「瓜菜代」。老是「清水煮白菜」，營養極缺，我身心難支，到一九六一年春便申請「停薪留職」。但市教育局長陳英友不同意，因為他知道，我在開教教四年級時，全市七十二個班級參加統考，我的班獲第四名。他對我頗為嘗識，便將我調往新橋小學。然而想不到的是，第三次想死的事就發生在這裏。

那是一九六四年的事。新橋小學在城西的浮橋，調我到這裏，已是離開城市中心接近郊區了。而學區的黨支部書記張穩邦，還要把我繼續往鄉下趕。不知由於我是個「中右」，還是他早將位置許諾了別人。我不同意，理由有三：第一，市教育局是明確派我到新橋小學的，不是其他學校。他沒有權利隨便亂調；第二，學區中心晚上常要開會，我年紀大了，又近視眼，不會走夜路，學區的會議就無法參加；第三，調動時，市局明確申明「新橋小學屬海濱公社，是市區而不是郊區」。我理由很充足，不服從，於是「得罪」了他。他著手給我穿小鞋、使絆子，抓辮子，先是不管我歷來以教語文為主的事實，免去我的班主任與語文課，強制我改教混合班的數學及其他術科。這個混合班人數多、素質差，是全校的「頭疼班」。我接手還不到一個月，他就又是查閱學生作業，又是突擊抽考，在教學上找岔子，然後指責我「教學不力」，組織教師批判，將我的數學課也吊銷了。我最後只剩下教唱歌啊，勞美啊，體育啊這些非主課。他是將我孤立起來，以「打悶棍」與「醃死」的手段，逐步剝奪我的教學權利，使我知難而退，以達到聽任調撥，或者去求他，甚至「自己要求離開」的目的。偏我當時那麼笨，無法領會他的「美意」，不懂機靈，沒去央求。我知道他對我懷恨在心，步步緊逼。我生活得非常難堪，非常累。折磨人的日子從一九六四年直拖到一九六六年。我幾乎被逼瘋了。這樣的人生一點意思也沒有，生不如死。我幾次徘徊在浮橋上，心想生活如此沉重何必苦戀？不如一躍而下，隨笋江水流而去，萬事俱休，辛酸苦辣一了百了！

當時女兒陳一員已經初中畢業，沒考上高中，我想最後再幫她點忙。一九六五年的一天，我騎自行車去找秦仙貞之夫伍天清（伍大概是在教育局任職），請他幫助一員上補習學校，回程時卻被一輛滿載花菜的板車碰倒，幸無大礙，只是左手背擦傷，留下三個疤痕到今天。無奈補校名額已滿。女兒沒學上，不願再和我同住新橋小學了，將戶口遷回城裏，自己在家裏過，有時還參加一些街政勞動。她這樣似乎也能自立了……

我腦中正在為如何安排後事打轉時，文化大革命開始了。而且與以往的「幹部整群眾」相反，是「小囉嘍整當權派」。毛主席一帶頭「炮打司令部」，各單位的當權者便首當其衝。作為學區黨書記，張穩邦自然也在被「炮打」與「打倒」之列。這是一個機會，我便把三年來被他抑、腌、整的種種苦衷，全寫成大字報，張貼上牆，甚至複寫一份，送到學區中心去。以前瞧我不起的同事，一看才恍然大悟，無不同情，看黃羽美這般受壓，還有這等文筆，立即另眼相待。一九六六年秋，我又恢復教語文、算術，並擔任班主任。這樣，我自然打消了自殺的念頭。

想來也怪，所謂的文化大革命不知害死了多少人，連開國元勛、國家主席都未能幸免，但我這條不值錢的小命，卻真是被它所救下的，是那張「炮打司令部」的大字報，轟走了我的死神！

說實在我不是政治人物，也根本不懂政治，可是被政治整得死去活來，凄慘兮兮。新橋溪、吊烏井、浮橋溪，我三次想死，選的都是水，那是因為我認為水最純潔，最清涼，一如我冰清玉潔的身世。倘若這骯髒的世界不讓我活命，我願死在水裏，清清白白地了卻自己的一生！幸而三次厄運都逢凶化吉，從鬼門關上轉回來。

現在難苦總算熬到頭了！然而回想起來，我在精神上所受的痛苦，猶如飛沙走石，一層又一層，層層加重，使我喘不過氣來。由於極度的精神壓抑又引發渾身的病痛，我多次手術，雜病上身。大小三次手術之外，到如今已經百病纏身：甲狀腺異常、骨質疏鬆、腰椎骨刺、尿異常、脂肪肝、胃酸過多、腎盂炎、關節酸痛、偏頭痛……。因此我要說，泉州對我來說真是個魔窟，不少魔王作亂的大魔窟。它吞噬了我之青春，摧殘了我之健康，吸乾了我之血和汗，奪走了我一生之幸福。它使我恐懼，使我憎恨。我只懷念我出生之地，懷念童年遊玩之山山水水，那純樸寧靜的鄉村景色，而今可能也已不再了。

以上是我於二〇〇六年十一月，從姑的日記中節選、整理而成的。我沒有讓姑自己動筆，因為她年事太高，怕她又重遭一次心靈的刺痛。一九五七年「大鳴大放」時，我正在泉州二中上高一下到高二上，自己也因寫了九張大字報，集中「攻擊蘇聯老大哥」，成為班裏「中蘇關係」問題的批判重點，自顧不暇，所以一點兒都不知道姑也在受批判。姑被人像揉麵團一樣搓來壓去，簡直到了度日如年的地步。加上所謂「三年困難時期」，這支風前殘燭幾近熄滅。她只好申請「停薪留職」，在家喘息。但姑「病休居閒，身閒心煩」，陸續寫下不少斷句，如「用水作油蔬做飯，以充饑腸度災荒」「清水煮白菜，焉能健與肥」「白髮隨梳去，身心兩枯萎」……她營養不良，渾身腫脹，臉色恰如鹹芥菜，多麼希望得到一點點的幫襯！可是此時姑丈遠在美國，一頭鑽在實驗室裏面，似忘了妻女情。一九六九年二月十六日，姑有則日記，在痛罵姑丈之後，接著寫道：「除夕滿喝了一杯五加皮，是數十年來『最快樂』的事，想酩酊大醉。」又說：「道，這時你在做什麼，想什麼？明天是你的生日，給你煮了八個雞蛋，聊作慶祝吧！」八個雞蛋！能頂多少「白水青菜」？又恨又愛，使人想笑又笑不出來。我在離泉州不遠的東山村當兵時候，假日能到姑家裏玩一會兒。姑說我一身「臭汗酸味」，當時卻不敢說。偶爾我聽到姑抱怨姑丈「沒良心，不管妻女的死活……」後來部隊移師惠安城，我便寫了封信給姑，大意是說，姑丈是個搞科研的學者，可能視金錢為俗物，建議她在這方面最好別向他開口，以免失去在他心目中的尊嚴。幾年後我退伍回來，看到姑還保存著這封信，並在天頭加批「使我開了竅」幾個字。這才知道，原來我這個小字輩，有些話她還聽了進去。

極左的政治運動，危害確實涉及千家萬戶。有位時任南安梅山國專醫院婦產科主任的王和協，是我母親結拜的「十六姐妹」之一。我六妗讓我給她寫了封信。她大受感動，一下子給我三十元，叫回去買床棉被，以便赴官橋上高中使用，還說此後每學期都會資助我。可是我在高一下轉到泉州二中，突然接到她來信，很簡單，說她沒力管我的事了，因為她是「右派」。我懵了，怎會是這樣呢？我做了個夢，夢見和協姨被一班壞人硬拉下水去。這班壞人，當然是土匪、反革命分子、階級敵人！現在才覺悟，壞人是有的，但不是什麼的「土匪、反革命分子，階級敵人」，而是硬說別人是壞人的人，是上級，或者上級的上級的上級，是先搞「陽謀」、「引蛇出洞」，然後再踩一腳的最上級！

我們這一家人，以及一些親朋友好，壓根就是些草民，對政治並不興趣，就說「關心政治」吧，也對權力毫無興趣。一陣一陣的政治旋風刮起來，我們當然不會成為「主角」，最多也僅僅被「擦個邊兒」，就如我姑、和協姨，還有我，等等。我們沒有遭受過國家主席、開國元勛那樣的大折磨、大恥辱、大慘烈，可是衰草也不堪踐踏呀，政治運動給我們的心靈痛楚，一點兒也不比那些倒了大黴的首長們差！

無望的申請路

第二次世界大戰後的冷戰時期，由於「美帝國主義的打壓」，中國只好「一邊倒」，倒向相同意識形態的蘇聯，加入社會主義陣營，與「西方世界」包括日本、東南亞等國家極少往來。對於國民私事，幾乎完全關閉了國門。這就是我姑與姑丈面對的大形勢。

我姑知道這絕非申請出國的時機，所以起初僅抱著團聚的希望，樂觀地生活著。姑丈當然也希望團聚，於是申請往美留學。當時「中華民國」與美國有邦交關係，而且還是抱著「山姆大叔」的大腿過日子，學生留美應該不成問題吧？是的，姑丈也曾有過「公派留美」的機會，但他怕行動受到「政治的限制」，放棄了，只申請「自費留學」。結果一拖再拖，最後還找來兩位「擔保人」，才於一九五九年九月得到當局批准。他初在明尼蘇達大學攻高等植物學。一年後，臺灣當局教育部要他返台，學校即不讓他續讀，並令其從命。經交涉無效，他只好退學，轉往北美林區，一邊打工掙費用，一邊就讀愛得河大學林農學，至一九六六年夏通過博士學位時已年近花甲。這時如果仍回臺灣是很容易的，但他不想去，一九六八年四月開始申請離美，還是受到多方阻攔、刁難，迫使他又得先打工掙「一筆押金」，再請二名保證人，才獲批准離境。一九六八年十二月二十七日，他搭威爾遜總統號輪船，從舊金山啟程，經檀香山、橫濱，於一九六九年一月十六日抵達香港。

回頭來說姑這邊吧。我姑一直在泉州市當小學教師，經受連環不斷的政治運動的摧殘，像個被打蔫的秧苗，度日如年，如上文所述，甚至三次產生輕生的念頭，是愛情的力量，團聚的想望讓她堅持了下來。她先是滿腔希望「解放臺灣」早日實現。姑丈留美後，她又希望他儘快學成歸來。維繫她倆的感情，只是斷斷續續的輕輕薄紙。在那閉關鎖國又是動亂不堪的年代，姑不可能，也想不到申請前往「陪讀」。直到接到姑丈到了香港的來信，她立即請假「會夫」，取出歷年從牙縫摳下來的全部積累兩百多元，直奔廣州。她當然知道自己是出不去的，但夢想通過近距離的電話勸說，能動員他歸來。姑很高興，她經福州時，拜訪過福州大學的陳允敦教授，告之他的堂兄弟陳道快回來了。陳教授回答：「回來好，回來好，奕堆兄是個『百科全才』，放在哪裏都行！」姑很天真，以為只需她勸說幾句，姑丈必回無疑！可是此行的結果，正如上文〈柏葉與竹芯的故事〉說過，姑丈還懷疑姑在通話時受人所制呢。他不敢相信，而且有二怕：一怕所學乃非所用，辜負一生努力；二怕「共產黨是真老虎」，會「吃人」，沒有勇氣跨越羅湖橋。姑丈在香港，先住酒店，消費不起，後轉住寺廟，養性靜觀。加拿大有高薪職位等著他，卻因姑嫌太遠，竭力反對而沒去。直到「再不走就要退到海裏去啦！」他最後無奈仍回臺灣島，去臺灣大學當教授。

一九六五年我退伍，一個偶然的機會分配到中共福建省委辦公廳。不久「文化大革命」開始。我的幾位戰友也陸續退伍並被分配到泉州。其中一位叫蔡春梅的，是我班的戰士，聰明好學，我視同兄弟。排長讓我給全排上化學課與文學課，好幾個戰友於是學我寫的字體。我在上面板書，他們在底下跟著畫。這個蔡春梅學得最像。我們化學排的駐地就在泉州西郊，假日裏，我也曾帶他到姑處玩過，已經相互熟悉。所以蔡春梅退伍下地方即染肺病時，我姑便精心地照顧，他很感動。交談中知道我們特務連有位不同排的戰友（叫什麼俊忘了），就分配在市革委會的「人民保衛組」。我姑以為有我在省委，我的戰友又在市革委會的「人保組」，「朝裏有人好辦事」，可以「走個後門」啦，於是燃起出境的希望。我當然很高興，找個機會回泉州，拉上春梅去找戰友俊，將我姑所受的種種磨難與希望告訴了他。他十分同情，連忙進去找頭頭，彙報半天，出來時卻說：「你姑的情況特殊，泉州無權審批，得到省廳……」什麼「特殊」的情況？他咿咿唔唔應付，說不出完整的話。知道戰友俊是黨性強於人性，未敢透露半滴消息，不為難他，我們只好告別。

但我們沒有死心，走走其他途徑如何？我住在省委四號樓宿舍，結鄰而居的周哲同志，是省對台辦的處長。試試看。我寫信告訴姑，姑馬上讓表妹一員帶上一條大野參，一條毛料西裝褲來福州。讓我送給周，說是「插花要插在前」。我沒這習慣，說：「不行，拿著東西求人？像什麼話！」我自己空手找老周去。老周聽完我的訴說，也十分同情，立即帶我一道到省公安廳某處，找他的一個熟人。那人取出檔案翻了翻，說：「陳道陳奕堆？台大教授？查無此人……不行。黃羽美是『勸留』對象，不能出境。」我姑丈明明是台大農學院植物病理系教授、國際水稻病蟲害研究組織成員，我還看過數封他自香港轉來的家信與照片，怎麼會「查無此人」？！細想一下倒也明白：這櫥櫃裏的檔案大概是文革之前建立的。姑丈自美國重返臺灣時，恰是大陸文化大革命正酣之際。那時派鬥激烈，到處打砸搶燒抓，烽煙四起，全國就如瘋人院。情報部門哪有心思去調查和補充新的情治信息？「查無此人」是自然而然的事！

老周請他再向上級彙報看看，他甚為難，搖了搖頭。我們只好退出來。走在路上，老周說：「愛莫能助，你都看到了！」我們回到對台辦，老周又把此事稟報省台辦的林主任，原是想借助大主任之力，也許可以靈通些。沒想到卻遭林主任一頓批評：「黃羽美是個內控對象，你怎麼可以私自找公安廳為她說情？一點政策觀念都沒有！……」林主任只知我是省委辦公廳的幹部，不知還是黃羽美之親侄呢，否則不知該如何批老周！我趕緊告辭。

為什麼是「勸留」「內控」對象呢？一推測就明白，那是因為我姑一九五七年被暗中劃為「中右」而打入另冊了。這叫什麼政策？不作具體分析，不問青紅皂白，不管人的痛苦與死活，堅持一錯再錯，完全是內部搗鬼。由這樣一夥人把持著大權，無辜的老百姓別想躲避苦難的遭罪了！我將交涉的情況告訴表妹。她很失望，但堅持一定得把東西送給老周，因為儘管事情沒辦成，但人家畢竟出了力。我沒敢去送，後來是妻子陳婉瓊拐了個彎，送給了老周的老伴。東西沒退回來，我猜老周可能不知道，當時的幹部相當清廉。

「勸留」、「內控」、「政策」……幾組詞彙於是常在我眼前晃動、飛轉起來，忽然又織成一隻巨手，握住一張大網，撒向人間。那些被罩住的人，不得動彈，不得喘氣，也別想逃脫而去了。我感到恐懼，那編織與拋撒這張大網的人，都煉就了一套「寧錯殺千人，勿放走一人」心腸，人性固有的憐憫與慈悲已經銷蝕殆盡了！

一九六九年二月二十五日姑在日記中這樣寫過：「可憐的女人啊，你就像空中的紙鳶一樣，空虛到剩下一層薄紙，孤陋寡聞到只有一條細線，倘若線斷紙破，你就粉身碎骨化成灰！」她之所以尚未「線斷紙破」，是希望之火尚未熄滅。是的，希望，是維持生命的最重要的支柱。失去了希望的人，猶如行屍走肉，離死只差一張薄紙。姑曾有過的三次輕生念頭，都是外部壓力造成的。一旦知道心中的希望徹底破滅時，支撐生命的支柱不就崩潰了嗎？我深知問題的嚴重性，就請表妹千萬別將實情告訴她，以免發生可怕的事。相反，我們合夥撒了個真愛的大謊言，說文革太亂，過段時間也許可以辦理。

盤點來自於親人的傷害

〈想死在水中〉與〈無望中請路〉，說的是大環境、外部世界對姑的壓迫。其實親友甚至家人對姑，也有過有意無意的傷害，也使其心靈留下難忘的創傷。有的在前文已經多少接觸過，但我想再作一次總體性的「盤點」。當然相關的人全是我的親人，我無意揭誰的傷疤，只作實事求是的記述，留下真實的歷史。有位偉人不是說過嗎：世上只有未出生與過世的人才沒有缺點。這是真理，所以既然已成過去，似乎都可以原諒了。現在重寫，是想再現當時的情景，追蹤一下姑的心路歷程，也看看究竟是何原因，讓人性遭受如此的扭曲？

姑誕生時候，正處我家的「上升期」。那時祖父在南洋經商，不斷有僑匯寄來，家景的殷實程度，達到可以搬出舊祖厝，另建「美新居」。祖父祖母才生兩個孩子，大的已經出嫁，老二也已經七歲。而且先後高價買來兩個小丫頭。偏偏把這個不到滿月的親閨女，無償「分」給了別人。為什麼呢？姑自己的解釋是也許「爹娘是有身分的人」，「重男輕女」，為顧面子，想買個男孩來接奶。我覺得理由不充分，想多個男孩，再買進來就是，連土匪人販子拐來的小女孩都買了來，何須外送親閨女？若非老天下大雨，姑就送到白葉別姓人家去了，若非養父母先打個招呼，姑就被第二次甚至更多次的轉賣。兩個「若非」，都會使她無法重回父母的懷抱！俗話說，虎狼心毒不食子，我的祖父母何以如此心硬？不知有哪位社會學家能夠解答這個問題？

姑說過，在她十至十四歲期間，與先為「二姐」，後成「二嫂」的彭梨，不相答理，怨恨甚深。梨阿與貴阿是在她出生之前先買進家門的。梨阿多大幾歲，是「媳婦仔王」，對她與貴阿氣使頤指，命令她們做這做那。貴阿認頭認路，言聽計從，而她則想：「你是買來的，我是親生，我為什麼非聽你的不可？」於是矛盾產生了。姑的自豪與傲慢當然有理，但梨阿的威福也不無理，她可能這樣想：「我是買來的，你呢？是送掉再贖回來的。你叫阿爹阿娘，我也叫阿爹阿娘。我比你大，我叫你做的是大家的事情，為什麼不可以！」偏偏她與老娘性相近，其儉省、摳門，有過之而無不及，因此祖母總袒護著梨阿。這就難免讓姑受了不少的委屈，而且一直持續了幾十年。從姑的回憶筆記中，發生過這樣幾件刻骨銘心的事：

姑在臺灣匆匆結婚，度過甜蜜的六十四天後返回。當時泉州民生農校的校長陳啟舟、教導黃傳柳是姑丈的同學、好友，姑遂通過這層關係，於一九四九年二月在農校當上圖書館管理員。她從臺灣返回途中一個行李袋被竊，把棉被毯子等物給丟了，因此必須從家中帶條棉被去學校。但梨阿設法阻攔，只肯讓她帶一條經鼠咬腳蹬，弄出一個大洞的舊棉絮。她自己不出面，卻唆使我動手抓搶。梨阿自小帶大了我姐，是姐的「阿母」，我回國後也跟著叫。在姑離開大陸到臺灣的兩個多月中，我已經被阿母「拉」過去了。記得阿母是這樣對我說的：「阿公在香港買兩條毛氈，一條棕色的阿姑先挑走，一條紅的留給我。阿姑的那條已經拿去給姑丈，現在又來拿我的。所以不能再讓她拿好棉被了……」這麼一挑唆，我當然很賣力，拉拉扯扯，就是不讓姑拿好的。姑不得不帶走那條破棉絮。姑有則日記寫到這個破棉絮：「好在父親從南洋帶給我一條毛毯，我放在底裏，勉強度過了寒冬……熱天到了，要收藏起來，本該先曬曬，我卻不敢拿出去曬，怕被人看了笑話……」現在看到這裏，我覺得往姑的心坎上猛刺的這一劍，自己充當了急先鋒，真悔恨當年那麼幼稚無知！不過阿母說的棕色與紅色兩條毛氈，我記得真有此事，那是祖父在香港時帶我上商店買的，都是「太平洋行」的牌子。也記得姑先是挑了棕色的那條，是丟了還是給姑丈，我不知道。後又拿走紅的，所以阿母的話也沒全錯。姑在獲准離境前，已將那條紅毛毯留給阿母，其絨毛當然沒有新時的長而密了。這便是所謂「毛毯事件」之始末。

姑在民生農校月薪是一百五十斤大米，時價十七元九毛。姑之拮据可想而知。她缺乏營養，身體十分衰弱（姑丈來信，信封裏夾來二十美元，她視如珍寶，不敢就花，留為後用）。翁婆住在離農校較遠的後街。姑周末有時還得前往探望，因為沒錢，從來沒坐過三輪車，都是艱難步行。懷表妹到了妊娠期，姑腆著大肚子仍然步行，雙腳酸軟無力，走幾步就得靠在牆壁邊休息一會兒，走走歇歇。平時只需個把小時的路程，竟然走了大半天，天黑才到厝，還氣喘噓噓幾乎脫水。當晚，在天快亮時，姑突然肚子痛，得知臨盆了，婆婆、三婆速將她送往永惠助產院，第二天表妹一員才出世。這時，婆婆為姑雇來個傭人叫卜娘，工資定為三十斤大米。姑的月薪只剩下一百二十斤，就是姑母女倆的全部費用。姑的身體虛弱到極點，住院十五天後回宿舍，房東見了嚇一跳，說「太瘦了，認不出來，幾乎變成另個人了！」為了坐月子、補身體，姑請卜娘代買兩隻很小的雞，兩隻都不到一斤重，用芝麻油炒成兩碗，一碗現吃，一碗留待明天。沒想到留下的那碗，當晚就被貓吃光。姑丈從信中夾來的那二十美元，姑取出一半兌為十四元銀元，其中十元托三婆轉送助產院，以表答謝。剩下四元加上婆婆給的四元，則添作坐月子養身體的費用。另外十美元仍未敢動，繼續珍存，以備不時之需。這時是解放前夕，臺灣尚可通郵，姑很希望姑丈能再夾幾元錢來，但她沒開口，而姑丈此後竟「忘了」需要再資助。

就在這艱難時候，那位夫家堂妹陳宜心，開始悄悄地在陳家親戚中散布流言飛語，說什麼「小妹」（一員）可能不是堂兄陳道的骨肉，後來又向姑丈的弟弟陳奕培灌輸謊言，說什麼「奕堆嫂怪你不給錢」，挑撥嫂弟關係。這些自然後來才知道，因為有一次膽大包天的陳宜心，竟當面詰問：「小妹不是不是奕堆兄生的？」姑遭此羞辱，氣得炸了肺，卻回擊不出一句有力的話，只說：「是不是，我們倆人自己知道！」

一員誕生那時，局勢一日萬變。國民黨兵敗退如潮。這時姑身邊還有一本臺北建國中學的教師證，如果決然攜女東渡，還完全來得及。可是想到這一去必須撫養女兒，無法工作，不能給姑丈多加負擔。僅一個月後，泉州解放了。三十一年的離難從此開始。當時風傳蔣介石要來轟炸，城裏人心惶惶，學校紛紛搬向鄉下。女兒太小，姑無法隨同學校外遷，心想還是回娘家安全些。便寫信告訴祖父。祖父卻未置可否。姑知道父親的錢不多，想蓋完那房屋的下落還不夠，又賣掉一丘田，是很為難的。不過仍然決定回去，遂向校長陳啟舟借了四個銀元，帶著簡單行李，抱著幼女回潭邊。但這次窮辛酸地回去，阿母顯然不甚歡迎，讓姑過了段輕蔑眼光之下的冷淡的日子。

姑常提起兩件事：一是家裏正在蓋下落，為木工石匠另開伙食，祖父和我就陪師傅們吃飯。我記得吃的是乾飯，我特別喜歡剛鏟出來的鍋吧。菜也不錯，有魚有肉，煮的鹹芥菜，還參進罐頭裏的湯汁，挺好吃的。但姑說她卻三餐稀溜溜的地瓜粥，配鹽水醃浸的鹹蘿蔔菜，大缺營養，身體非常虛弱。她於是請常來閒坐的場嬸（大兄追冊的生母）買了些指頭粗的小溪魚來吃。阿母見了很氣憤，站在姑睡的大房外大聲開罵：「真無天理啊，阿爹不顧，自己買魚自己吃……」她是罵給姑聽的，也要嚷得外人都知道。阿母這時是權威的家庭主婦，姑怕她，也不理她，邊吃邊垂淚。還有個事是表妹一員長到十個月時，渾身長瘡，還會傳染，姑的雙手都被傳染得沒法下水。表妹需換的衣服又多，可是沒人來幫一下。阿母不出聲，連細蘭也不敢幫。她只好先在水裏浸泡，再用捶衣槌挑出來，放在石板上敲打，再漾一漾，就濕漉漉地掛在籬笆上晾曬。不過姑也記得，有人說，用鹹蛋油、松明熬麻油，或許能治此瘡。阿母於是到鄰村溪畔去弄了些鹹鴨蛋與松明回來。此事我也記得，因為當時就是我陪阿母去的。回來後還與姑一起架磚頭，坐上裝有藥物蛋黃的罐頭盒，點刨花燒煮，如像小孩過家家一樣。熬出的藥汁不燙了，再以公雞的尾毛沾著往表妹瘡上抹。果然是單方妙藥，沒多久，滿身的瘡便收口結痂。姑給表妹換衣褲時，表妹的屁股搖得像轉呼啦圈，腳下竟篩下一層瘸皮來。據姑說，阿母還冤枉她偷拿雞蛋熬藥，其實是阿公從自己泡喝的雞蛋拿給她用的。

姑不甚愉快地在家住一段時期，在廈大教書的小叔陳奕培來信，說他母親中風，要嫂子到泉州服侍。姑竟如沐春風般趕緊離開娘家。但姑後來說，服侍婆婆也是十分艱苦的。抗戰時生活困難，陳家已把家具賣得差不多了。姑連張床也沒有，臨時以兩條長凳搭上幾塊木板將就，蚊帳四角拉繩子掛在壁上，就像難民營，但她仍覺快樂自在，可見娘家讓她傷心到何等程度！其實，阿母可能勢利些，肚量淺，言語刻薄，使姑難受。但她守著活寡，心情不好，且沒生過孩子難知初為人母者的艱辛，可能也是個原因吧。她的態度自然會影響到細蘭、儀貞兩個姐姐與我。祖父向來粗心，又忙於招呼起厝的師傅們，顧不上剛生孩子的姑。在姑以槌擊衣的那個天井的四角石柱上，就刻著祖父做的對聯：「居家自有天倫樂，處世惟宜地步寬」，他怎會讓孝順的姑受到欺負與委屈呢？不會，絕對不會！我相信。

然而姑「回」泉州後街服侍婆婆也非一切順心。公公原是個首飾匠，祖傳懂得些藥膏藥散的單方，可是脾性怪僻，愛管人，愛嘮叨，把個軟弱斯文的姑當作傭人、勞動力差使，煮飯、洗衣、挑水、擦地……什麼活都幹。姑說，原由公公挑用的大水桶，她挑不動。他便買付小些的來，自己則不再挑了。姑自小少幹體力活，現在挑水，三步一停，慢慢地挑；衣服須上溪邊去洗，而她沒舊衣「工作裝」，穿著旗袍，很怕遇上熟人。陳家大屋為三進四落，偏他們住在最後，挑水、洗衣服，來回都得經過三個天井，惹眼招搖地從親堂們家過去，非常尷尬。尤其難忍的是公公的飲食習慣。他要將魚放進水裏煮，熟後撈起來，再把高麗菜（包菜）放進撈了魚的剩湯裏熬，直至爛糊糊的。腥得根本無法下吞，可這是公公的「傳統保留節目」。她還不知道，那位「好堂妹」陳宜心，已經為她散布許多流言飛語，使陳家親人們在背後指指點點！後來姑在附近的新隅小學教書，有一次開會，很晚才冒雨回來，在過天井時滑倒，髒水一身，猶如落湯雞。公婆看這樣不行，才讓她搬到學校去住……

可是陳家人的歧視也刻骨銘心。姑說直到她獲得批准，辦好一切手續，就要出境往港的前夕，以為可以放心地休息一兩天了，又發生一件提心吊膽的事。女婿李逢澤去為姑兌換些港幣，卻在銀行不期然地碰到陳宜心之夫。李逢澤不知道歷史糾葛，將姑即將往香港之事告訴了他。姑聽到這事，覺得陳宜心「如同不散的陰魂老纏著我」了，一時嚇得手腳發抖，非常不安，當晚就失眠了。為什麼呢？因為陳宜心知道堂兄陳道現在是在臺灣而非菲律賓，而她申請出境的理由卻是欲往菲律賓。像個鬼的陳宜心很可能向相關部門捅出去，那她出境就泡湯了！好在實際上沒有發生。出發那天，陳宜心還來家送行，帶來一小包蔘片，讓姑在路上含吮。她也心虛了，害怕姑出去以後，向在菲律賓的堂兄陳秋中告她的狀，因為姑的「旅遊邀請函」，就是出自這位堂兄之手。姑將所贈的蔘片帶上路，打開一看，已長了青黴，只好扔掉。心裏更不踏實了，在香港住到女婿李逢澤之姐的家期間，主人都上班、上學去了，只留姑在家，聽到有人敲門，她還會嚇得心頭亂跳，真是「影響深遠，餘悸難消」！慢慢才弄清，原來是上門為她補填表格的臺灣救總的工作人員。顧慮打消後，姑又覺可能誤解了，陳宜心送行贈參「盛情難卻」，於是還特地買了包新的參郵寄過去，回贈給她。

姑曾經對我提過讓她夠傷心的兩件事，是來自於我姐的。這我知道，一次是政治形勢逼出來的「聰明誤」，另一次則由情感利益引發的大誤會。

我姐還在福建省軍區幼兒園執教時候，經戰友介紹，與後來的姐夫尤大邦談上了。尤當時雖係軍中參謀，但家庭出身地主。年已不輕的我姐，懾於大講階級鬥爭的形勢，擔心婚事弄不好會遭「組織上」否定，於是編造一段假話，謊稱自己孤苦零丁，被「惡姑」叫到泉州看顧小表妹，如何吃盡苦頭……。她將信交給「組織上」之後，猶怕「組織上」派人調查，情況出入，於是又將此信複印一份寄給姑，請她務必照信上所言講給調查員聽。姐同時對姑申明這「絕非真心所想」，而是出於不得已，請姑幫助圓了這個謊。她以後「定將報答」。不料聰明反被聰明誤——「組織上」根本就沒派人調查，卻把疼她愛她的親姑氣得七竅生煙。試想，姑當時早被劃入另冊（暗定「中右」），受盡欺凌，收入低微，卻一心想將報答兄嫂（我們的母親）的恩情，轉移到兄嫂的子女身上，若非我太笨中考落第，在泉州上中學的就不是我姐了。在我中考落第之後，姑卻考慮到家裏重男輕女，我反正會有書讀的，而我姐就未必了，因而才改變主意，換成接我姐到泉州先讀完小學，再考上中學，自此改變了命運。現在她卻「恩將仇報」，把自己描寫成醜陋、殘忍、不解親情的惡婆，豈不氣煞攻心？當然，姐之所以胡編濫造謊言，是「大講階級鬥爭」的險惡形勢之使然。文革進行到中後期，《文匯報》發表盧新華的小說《傷痕》，描述親人之間如何相互誤傷的事。大概字字句句都直打在姐的心上，她讀罷給我來過信，表達無限後悔的心情，信箋上一片淚痕！

姐的第二次傷害，是在姑已經定居臺灣之後的事。姑在臺灣皈依佛門，想起解放前夕護送我與祖父回鄉，再度返台路經廈門時，因台幣派不上用場，沒錢買張船票，情急之下，順手牽羊拿了同鄉兼同學黃秀香（香姑）的一枚小戒子，自此「心債沉重」，壓了幾十年。這回特地返大陸償還心債。她帶來四條金項鍊，將最重的一條選贈香姑。另三條輕的分送我、堂哥黃追冊與姐夫尤大邦。心債還清，姑的心情才輕鬆起來。事後她來福州我家休息，準備返台。姐這時便從廈門趕到福州，說是來陪姑幾天。沒想到姐卻為項鍊輕重之別，對姑「發飆」。由於在四條項鍊中，姑選了最重的那條還了心債。姐於是聲色俱厲地指責姑「親姪女還不如舊同學！」姑痛苦萬分，徹夜不眠，寫下一張罵她的信，讓我夾在姐的手提包裏，「好讓她回到廈門時去讀！去難過！」信中有些用語嚴厲，有的還涉及姐夫。我怕姐受不了，先塗掉涉及姐夫話，再遵囑放進姐的坤包裏，又給在廈門的姐夫去電話，請他及時收藏起來，勿叫姐看到。我是想，姑年歲高邁了，寫幾字出出氣也好。姐卻是情緒化，激動型的，乾脆別讓她看，免得惹出病來。大概姐夫是照我的交代辦了，因為沒見到姐的反應，沒有不良後果。

姑的這封信寫在公文紙上，漏夜含淚一氣呵成。不知為什麼，我竟留有複印件。現在事過境遷，大家心情已經平靜，便詳記如下：

儀貞：

你又讓我一夜難眠。我這次高興地回來見見親人們，也許是我見大家最後一次吧！因此我把我心愛的飾物全部帶回來贈送給親人們做個紀念品（絕對不是做財產）。我把我唯一的一個鑽戒送給我唯一的親姪女，論它之價值比冠英那條項鍊多一倍。我送大邦的跟送追冊的一樣等同。追冊與高采烈而你卻嫌少。中午你在冠英家對我大耍脾氣，我問你是開玩笑還是認真？你竟然大聲回答說「是認真的！」又埋怨無父無母。這怪誰呢？這是你的命。但你有人疼你，撫養你，有人栽培你，讓你不致淪為村姑已是幸福了，應知足感恩，還要什麼？我一向把你當作心腹，什麼事什麼話都告訴你，而你卻把我當作什麼？你一生中受了哪些人的恩惠？而你又施惠多少人（包括我在內）？你不必申辯你窮，情感不是金錢物質可以等量的，一封信，一個信息可抵萬金啊！這次你熱心要陪我幾天。我很高興，沒料你今天對我太不客氣了，讓我好難過！你想想看，我有義務給你多少？我有多大能力給你多少？在臺灣我沒立錐之地，沒一寸土地，頭頂別人天，腳踏別人地，打腫臉充胖子，無非是對親人們的一份情（我不這樣做誰敢怪我？），你比我幸福多多，美滿夫妻白頭偕老，無憂無慮，可以去跳舞、炒股票，多令人羨慕！「知足常樂」是你經常說的，不應只是口頭禪而應在於行動，盡己力回饋出來。咱們在此都是做客，在此鬧意氣（又在瓊面前）多丟人！……我一生命運坎坷，有苦沒樂，不能施惠於人，但也少受人施。我此次說是「拖命來的」，有幾個目的：一、見親人，我對故國家鄉以及親人們就是有一份濃濃之情。二、帶來佛書傳佛法，希望更多人向善，去掉「貪、瞋、痴」三毒。三、提供一點資料給冠英做參考。現在目的已完成，不日我將返台。

你也已六十多歲了，人生也已過去了大半，對於金錢物質可以看淡些！俗話云：「生不帶來，死不帶去」。所以我把屬於我個人之物都帶來捨得乾乾淨淨，現在連個金戒也沒了，心裏清靜，「無物一身輕」啊！不必怕偷怕搶。

潭邊人忠心維護這個家，關心祭祀祖先盡其孝道。在外兒孫欲盡孝道也只有關心他們，偶然寄點錢去表表孝思或回去三兩天走動走動以示親情，那裏畢竟是咱們生養之地。你們只要花上幾百元即可成行，我卻要花上十幾萬台幣才能成行，且已七十多之老人了，再來機會渺茫。我只是希望你和冠英能多關心老祖父遺留下的家，讓它興旺，讓居住的家人不被別人欺負，能夠維持老祖父的聲譽於不墜！我已經無能為力了，言盡於此，願你善思之！

苦命的姑　寫於榕

一九九七年四月二十四日　深夜一時四十五分

這信我沒讓姐看，事後又向她揭示老姑償還「心債」的祕密，解釋為解除困擾幾十年在心理壓力，別說回贈香姑一條最重的項鍊，便是再添十倍也是可以理解的。知恥近乎勇，我們應該支持她，為她晚年能夠釋然於懷而高興！

明瞭來龍去脈之後，姐姐也認同了我的觀點。

甜蜜艱辛八年期

我知道姑走正道申請出境毫無希望後，便不再為她作無謂的努力，心想老姑命苦，她只好認了！

然而天無絕人之路，轉機還是出現了。改革開放的春風，吹軟了階級鬥爭論的凍土，大陸終於有了鬆動的跡象。姑來信稱她被批准出境了。原來正門大路走不通，還有偏門斜道可以闖。是姑丈在菲律賓的堂兄妹陳秋中、陳秋元幫的忙（以秋元之夫名義，寄來「邀請函」及旅遊的相關證件）。不知是掌管審批的人出於同情、疏忽，或者政策寬鬆？居然放棄「內控」，批准了。旅遊方向自然只能是菲律賓。姑於是收拾行裝立即起行，於一九七八年十一月十七日抵達香港，但她沒去菲律賓，而是寄居在女婿之姐香港的家裏，再向臺灣當局在香港的「救總」申請入境。然而寶島的「政治壁壘」，一點兒不比大陸差，規定凡十二歲以上，七十歲以下的大陸人，一律不得入台。已經退休的小學教員的姑，儼然變成了須防滲透的「共匪間諜」。姑像是「豬八戒照鏡子——裏外不是人」了，想不到就因為抗戰後期考上赴台準備收復國土的義舉，竟使她成了兩岸政治鬥爭的地道的犧牲品！拖了半年多，托了許多門路。姑這邊，再三懇求駐港的台方「大陸災民救濟總會」恩准；姑丈那邊，也托朋友疏通上層。時為國民黨中常委的臺北大學校長閻振興出面保證，最後才得獲准。一九七九年六月十五日入台，姑終於圓了被冷凍三十一年的愛情之夢。

據說，身揣中華人民共和國護照公開入台的，她是第一人，因而也引起媒體的濃烈興趣，記者追踪，因而才有上述的關於姑丈的為人與學術活動的連續報道。

從大陸到臺灣島，無疑是個大環境的巨變。一邊是社會主義；一邊是資本主義。一邊是無產階級專政；一邊是資產階級統治。到底哪邊更符合社會發展的自然規律，更得轄下的人心呢？我沒有調查沒發言權，無意也無能做出成熟的判斷。這裏只想跟踪我姑的實際感受，當然是個案、特例，不足以證明什麼大的規律。我所能牽掛的是自己的親情。

乍知姑可以往台團聚時，我曾喜憂參半。喜的是姑歷盡千辛萬苦，會夫的夙願終能實現了。憂的是相離三十多年，什麼事都可能發生，萬一姑丈身邊另有一個「她」，豈不要了姑的命？

雖然甜蜜六十四天，苦離三十一年，團聚是久盼的願望，可是他倆乍見之時卻深感陌生。一九九七年六月十五日那一天，低調的姑丈害怕記者追踪，沒去機場迎候。姑是由堂小姑（秋中之妹）陪護送進入家門的。姑下了計程車，站在車後。姑丈才從樓上姍姍而下，竟抬頭看一眼也沒有。而映入姑眼簾的，英姿煥發的師哥已成白髮蒼蒼的老人。是年，一個六十七，一個五十九。兩個老人淡淡地，相對無語，連平常人的寒喧廢話也沒有，但內心的翻滾不言而喻。直到翌日見到報上的報道，姑慢慢地讀給姑丈聽，兩人才抱頭哭泣！

接下來的三年，是姑重拾幸福的三年。雖然隨著年齡的增長，加上生活的窘迫，他倆的生理機能已經衰退。不過姑說：「重逢只有夫妻名義，實如兄妹、僧侶一樣純潔，也感甘之如飴。我珍惜、感恩上蒼賜予我這遲來的福報」。我翻出一封姑於一九八〇年二月二十一日，寄回泉州有家書，庶幾可以反映她這一階段的心態，信中將留美歸來的丈夫昵稱「番仔公」，足見其愉快的心情。信不長，照錄如下：

逢澤、一員、阿牛、阿明：

光陰飛快，離開你們已過去二個春節。你們都好吧！我每日都在想念你們，特別是小牛和阿明。得空坐下來時，就像和你們講話一樣，心裏自言自語。我很後悔當時沒有抓住機會，辦理小牛的手續，讓他跟我一起來。

小牛，這裏有各式各樣的小腳踏車，又漂亮又便宜。每當看到人家小孩在騎小車玩，我就想到你要來了該多好！你愛吃水果，這裏什麼水果都有。經常有人送來美國紫紅大蘋果，還有很多食品，如臘腸、肉鬆、罐頭等，春節還有人送來大魚、大雞、大豬腳……怎樣也吃不完，只好轉送別人。為什麼會經常有人送東西呢？原因是你番仔公給人醫好難治的病症又沒收人家的報酬，有時還貼上醫藥。所以你要是跟我來，一定很幸福。現在只好等你們四人都批准了才能見面……

小牛、阿明，你們想念奶奶嗎？奶奶可很想念你們！很多東西吃不完，總要想到你們會多想吃又沒得吃。小牛愛爬樓梯，我們住的是二層小樓，樓梯是兩折的，還鋪上紅色塑膠板。樓板也鋪有花樣的塑膠板。前庭是兩個小花園，有各式各樣名花。春節友人送來四大盆紫紅菊花，一大盆水仙花。後院餵了五十多隻白色、灰色的鴿子；還有一個二十二寸美製電視機，是我來後才買的。光我們兩人看，晚上看它一二小時。小牛是最愛看電視的。有一個收錄兩用機，我少去用它。你番仔公有兩架照相機，都是彩色的。他是用作實驗室照圖用的。最近又自買一個中型顯微鏡。你番仔公有六個書櫥的藏書，古今中外都有，主要是以他研究的科學書為多，再來是醫學書，也有古文經典等等。這些書將來就要小牛來繼承。我們還有一個溫水箱，要洗浴時電插頭一插熱水就有。一個冷氣機、三個鼓風機、一台電風扇、一個電冰箱、幾個電爐子。我們全部用電燒飯煮菜。每月用電兩百五十度左右。石油不斷在漲價，電費不斷在漲價。這裏的人生活很優裕，比香港無不及。大家都講求吃和穿，但也很多人要服減肥藥。

現在我每天也是忙碌的。上午通常讀報紙、打掃屋子，下午打毛線衣，晚上看電視節目。幾天後要再學造花，生活不寂寞。你番仔公天天要去實驗室，連正月初一也得去。他每日都要從空中抓一種菌來實驗。他常感嘆著缺一個接班人，如果逢澤或冠英可以作他的助手該多好，但也要懂得英文才成……

等你們來信和相片！

媽、奶 書 正月初六

姑實在太想念家人特別兩個小孫兒了。我也盡力想幫助表妹夫婦申請出境。有一次我從正常渠道，到省公安廳信訪辦詢問有關情況。接待人員一見我出示的姑的來信。他僅瞄一眼，馬上扔過來，說：「假的！臺灣不會有這樣的信。」我問為什麼？他斷然指出：「臺灣哪有簡體字？！」我說：「我姑原是泉州市的小學教師，一九七九年才到臺灣的，當然會寫簡體字！」他啞口無言，卻老羞成怒，最後說：「這是泉州市管的事，不需要找我們。」乾脆一推六二五。

不過畢竟改革開放了，表妹以「旅遊」之名，先帶小牛與阿明到香港，然後打「十二歲以下」政策的擦邊球，讓兩兒女掛著「兒童旅客」胸牌，請空姐幫忙，於一九八三年五月十五日送達臺灣。這下姑可高興啦，可是又大大地加重她的負擔，不過她說：「二孫來了，我要照顧他們，但也可以減少寂寞，是我的福分！」這是後話。

從一個家徒四壁，長期低工資，處處遭受白眼而又時時須防失業的處境中，一下躍上無憂無慮的「教授夫人」地位，其翻身解放的心情顯而易見。不過開心舒眼的日子僅僅維持三個年頭，接下來便是五年非常艱難卻毫無怨言的經歷。

正如臺灣報上報道的那樣，姑丈是位專注於學問的「呆人」，根本不懂得照顧自己的身體。不但患了嚴重的糖尿病，早在夫妻離後相聚的十幾年前，肝病已悄悄地撲上身來。這最後五年中，他先後三次中風：第一次於一九八二年四月二十七日，講課時尿失禁，回家後又連續發生，私人醫院診斷為「中風」，速轉台大醫院住院八天。這次中風的結果是左臂不靈，走路不順。第二次中風在一九八四年十一月九日，由感冒引起，昏迷復醒以後，麻木感由左而右，推及全身。住院八個多月，期間勤作康復活動，甚至配穿長統鐵皮鞋，均無效，至出院時已經全癱，需坐輪椅，但講話尚能清楚。第三次在一九八六年聖誕節，左手翻轉、吐瀉、秘結，食欲不振、肚脹，於一九八七年二月進住三軍總院，不料攤上個無良庸醫。腹水很嚴重了，這位「肝科主治醫生」竟作胃病診治，越治越慘，待到最後確診為晚期肝硬化時，又多次催趕出院。後來反映到台大，才由系院會議決定，請台大醫院派救護車接來本校住院，然病入膏肓，已回天乏術，至一九八七年五月十八日逝世，享年七十三歲。

七歲與九歲的兩兄妹就是在「番仔公」首次中風期間來到奶奶身旁的。因此在姑丈從開始中風到去世這五年內，姑又當妻子，又當秘書，又當護士，又當奶奶，又當主婦，又當傭人，又當家庭教師……其操勞拖磨的地點，則從家庭到醫院，到大學，到市場，到小學校……一個年近古稀且百病纏身的老太婆，所受的苦痛，我實在不忍再細細描述了。姑丈生病的五年中，姑當然全程陪護，餵食、擦洗、捧屎接尿、架起放落，按摩推拿、康復運動……樣樣不拉。姑在陪護期間，斷斷續結寫下不少日記，下面選摘幾篇記錄姑丈彌留前的情況，可以一窺姑當時的感受。

一九八七年四月五日

入院兩個多月，日夜衣不解帶，盡心盡力照顧看護他。醫生、護士以至同室病友及其家屬，無不同情我辛苦，但我並不感到辛苦。我認為這是自己的責任，責無旁貸。儘管我腰痠背痛難忍，吃睡均不正常，而心中卻甚安慰。在此專職照顧，比起回家要煮、要洗、要買還要處理雜務，已經輕鬆多了。病友們及其家屬，送我瓜果、書本、錄音帶……待我那麼好，讓我感到人間尚有溫暖……友人來探，讚我任勞任怨，但我並不認為值得讚嘆，我只是在盡人妻之責，我最怕將來遺憾與後悔。他在此舉目無親，沒有一個人可來代替，算他有點福分。我來台三年，他即首次中風，五年大病三次，他沒有積累，請不起人幫忙，要不是我趕來照顧，他會很慘，而我若不盡力照顧他，也會抱憾終生。也許是我前世欠他的，這世來償還。一別三十一年，我沒受他什麼恩惠，還為他養育兒孫作為後嗣，替他為父母送終。我不居功，卻那麼愛他，不是前世欠他的，那是為什麼呢？

一九八七年四月二十五日

主治醫生又在趕出院了，說住院不能超過三個月。昨天已把複印的病歷送去台大醫院，也許下周可以轉過去。我今天需回家領些錢以便結帳。

一九八七年五月一日

今天轉來（台大醫院）二等房，有三個床位。……他病情急劇惡化。尿由黃變紅，喘得更厲害。天啊，我已盡心盡力，再也無能為力了！他臉色變得嫣紅，眼睛直直地像看我又不是真看，眼神有點散，我揉揉他的眼皮，閉了又張開，似乎欲再看人間一下捨不得離去。我不斷地按摩他的頸部、臉部……他一直喘氣不停，正在作生死的搏鬥。我也只能眼巴巴地看著他，不斷為他念阿彌陀佛。我深感沒有親人在旁的無奈……

一九八七年五月十一日

從三總轉來台大醫院已將二星期了……醫生說，他之肝硬化已有一二十年之累積，現在是末期，肝臟萎縮硬化，吸收分解均甚差。我分寸大亂。看他十分虛弱，胃腸不能吸收，常會反流出來，恐怕凶多吉少……以前他兩次大病，我是從沉重中逐步轉輕鬆；這次卻是從不安寧中一步跌落萬丈深淵。預感使我驚惶，使我悲泣淚流不止，全身無力，疲憊不堪。在此舉目無親，只有我看著他，他瞪著我，似乎已走到人生的邊緣……

一九八七年五月十七日

看他那痛苦的樣子，我祈求上帝祈求佛祖來拯救他，若他陽壽未完就讓他早日康復，若壽命該終就讓他早日升天，少受病痛折磨。現在他除了眼睛一張一閉，口鼻呼吸之外，全身都不會動了。偏睡右側，給他翻到左邊，他把頭一直向右轉，只好再讓他轉向右側。他流汗出奇的多，我用手帕、毛巾不斷地擦汗，換衣服，仍在出汗。這是生死掙扎之汗，至深夜三點汗止。……知道他危在旦夕，下午陳太太曾陪我回家取來壽衣，下半夜強迫我躺下休息一下。我實在太累了，就躺下閉一會兒眼。張開眼睛，看到護士正為他拔鼻管換新的。為什麼要這樣折磨他呢？我很急，阻止已經來不及。護士又在他喉嚨裏插個哨子似的塑料器具，不知是何用意，是幫助呼吸，還是臨終前必受的折磨？我突然覺得必須為他淨身。陳太太幫我提來兩桶溫水，我於是最後一次為他擦洗，然後給他穿上白襯衫白漢裝長褲，因為他喜歡白色。現在他已無汗可出，氣息微如游絲。護士來餵他最後一口牛乳。清晨六點半，他呼出最後一口氣，心跳停止了。我把他抱在胸前，挖出喉嚨裏那個哨子，看他面容，非常溫和，比平時睡眠時更為慈祥，就像嬰兒睡時一樣祥瑞……但我禁不住放聲大哭，一聲阿彌陀佛，一聲陳道奕堆……

姑丈過世後，由台大院系主持籌辦發訃告、追悼會以至火化等等後事。同事劉嵋恩教授與博士學生謝煥儒，還為陳道教授的家屬祖孫三人發起「生活教育基金」的募捐，給她們日後生活得到強力的保障。姑晚年皈依宗教，誦經禮佛，情緒較快安定、平和。每每回顧在大陸的遭遇，會想起壓制宗教信仰，強調階級鬥爭與路線鬥爭的社會環境。頂層的權力爭奪，以「政治」名義運動群眾，如洪水猛獸滲透社會各階層，泛濫成災。人人幾乎無不成為犧牲祭品。那獨立思考，不隨波逐流的有識之士首當其衝；而仁厚忠直，不會看風使舵的笨鵝如姑者，也成打壓重點。只因極左路線的統一調控，無處不是「精英骨幹」——黨團員、積極分子，在背地串聯，暗中策劃，羅織罪名，公開整人。說是打擊的僅僅百分之一二三，但因扭曲人性，搞得世態混亂，人人惶惶不可終日。同事傾軋，父子反目，夫妻離異成為見怪不怪的平常事。她自己被暗劃「中右」，公開處分、降職，長期如牛耕作卻只領超低薪水，被歧視、輕蔑，時時處於可能失業的陰影裏，生不如死……反觀小島臺灣，她不知何為「政治」，不知誰是「黨團員」，但也接觸到不少「積極分子」，那便是和藹可親的鄰里，是心腸熱切的同事師生，是初次謀面即鼎力相助的基督教徒與佛家蓮友。在身陷絕境的困窘中，舉目無親卻有源源不斷的關愛……偉大領袖毛澤東不是說過：「世上決沒有無緣無故的愛，也沒有無緣無故的恨。」姑在日記裏感嘆：「人間有溫暖，溫暖在臺灣！」是發自真心的。她在《如煙》書中，特別寫篇《知恩感恩》的短文，將從精神與物質方面支助過的大多恩人，一一羅列芳名，段段描述事跡，但願兒孫後人能夠知恩報答。因為她已年高九十，無力回報了。

姑在一則日記中這樣呼喚：「奕堆，我倆是緣已盡，情未了。我時時刻刻都在緬懷你。出門入門都要叫你告你，向你說一聲。我對你的思念如空氣一樣包圍全身，即使一時壓縮下去，無形中又會膨脹起來。然而此時我哀惻你，過幾年我也一樣要走上這條路……」在姑丈去逝三個多月後，還寫下仿古四言挽詩一首，曰：

一生清白，纖塵無染，追求學問，毫不鬆懈。旅美十年，博士歸來，
教化學生，盡心盡力。助人為樂，亦教亦醫，淡泊名利，從不掛齒。
清閒自持，如僧如尼，以鴿為伍，終身伴侶。性喜白色，但不固執，
孝順父母，緬懷憂慽。妻代夫責，返家奉持，一別卅一，自炊自洗。
守身如玉，無以倫比，聚首八載，如兄如妹。自謂健壯，五年病纏，
日夜照顧，無時或已。今已歸去，留我長思！

交響曲的小雜音

我姑黃羽美與姑丈陳奕堆的愛情悲劇，如若比作一曲交響曲，那麼主旋律是鏗鏘悅耳，悲壯動人的，說可歌可泣也不為過。然而並非全無雜音，此曲的和聲部分確有雜音，而且相當雜亂，只是姑泰然處之罷了。

我姑「心上人」可能不止一個。我初回國那陣子，整天跟著姑，如影隨形。我看過她兩張照片，都是半身像。一張是雙人，女的是姑，男的挺英俊，但不是陳道，大概是姑的初戀。姑拿剪刀給剪碎了；另一張是姑的單人照，哭喪著臉，淚水縱橫，大概在分手時候拍的。這兩張照片，可能姑只讓我看過。那時我還太小，記住了，可沒心思多想，後也從未問過姑。我想負心的肯定是那傢伙，因為姑很守舊，不浪漫，絕非水性楊花。

解放前夕，有位男青年隨姑來過我家，叫劉文郎，惠安人，是位戴著大蓋帽的軍官。跟姑挺稔熟的，常常互相取笑。姑說他：「劉猴老龜精，貪吃偷噬腥。」「噬腥」為閩南語，是死人即鬼的吃相。他則回姑：「黃牛白蹄，會吃不會犁」。閩南人有「姓劉屬猴，姓黃屬牛，姓潘屬狗，姓吳屬豬」之說，故編出如是戲語。文郎之弟文輝也來過我家，後來不知去向。我姐瞎猜過劉是姑的戀人，我看不像，問過姑，知道劉文郎是簡師的勤務員，家裏窮，年紀小，聰明乖巧，姑認他為誼弟。姑回家過年，他便很高興地跟了誼姐來。姑說劉文郎曾被八路軍俘虜過，因是窮人子弟被放回。劉文郎離開後曾來過一信，說他又加入國民黨軍，以後就沒再有聯絡。我想可能被解放軍趕到臺灣去了。姑一九七九年往台後，我還去信提過，讓她不妨找找劉文郎，一支草一滴露，多個好友可解寂寞。姑說，她確曾登報尋過他，卻毫無消息。大概劉文郎已不在人間。

年輕時的姑白白胖胖，燙捲髮，雙眼皮，滿好看的，不會沒人撩撥她。在潭邊小學教一年書時候，鄉幹部讓學校排練節目，我們於是演了出《南瓜記》的大話劇，宣傳「反地主惡霸」。姑飾演扛鋤頭的農婦，我扮農婦之子「阿寶」，而扮演阿寶的爸爸，是我大表哥吳淵源，也是本校的老師。幾場演下來後，我神氣極啦，可也把我氣得半死。氣啥呢？一氣高年級大同學的嘰笑，路上一相遇便叫：「大目冠，你是淵源的兒子，你和你姑去偷別人的卵帕……」閩南語「卵帕」與「南瓜」諧音，是指男性陰囊。公然侮辱我姑，還不氣人？可惜我打不過他們，只能怒目而視；二氣大表哥，姑演農婦他扮「丈夫」，彷彿占了便宜，得意揚揚，好討人厭。可論起輩分，他也得跟我一樣叫「姑」！這表兄曾移居香港，後來得了嚴重的精神分裂症，回老家養老、過世了。姑後來進城去了，又挨整成「中右」，到這時候，恐怕人人避之而恐不及呢。而守舊的姑，忠於愛情又百般受欺，更不會動什麼花心。

姑獲准往台時，我不是「亦喜亦憂」嗎？憂的就是怕姑丈身邊另有一個「她」，會要了姑的命。得知他們久離重聚，愉快共處後，才放下心來。不料，翻閱姑的日記後，方知影影綽綽還真有個「她」。這就是姑丈稱之為「周桑」的周明秀。「桑」，日語為女士或先生，是尊稱。明秀才是本名，一個幫著陳道教授賣偏方良藥的女士！

姑日記裏說，她剛到台大一兩天，六十多歲的周明秀就來過，印象不深。為躲避記者，姑丈還要姑到周桑家先住些天，待大家平靜了再回來。姑認為自己入境正大光明，怕什麼，沒去。姑逗留香港時還去打工剪線頭，掙點錢做人情，特地買了塊藍呢子料帶來，欲給姑丈做件半長外套。姑丈竟一聲不吭即轉送周明秀。姑心生狐疑，但悶在心裏，沒太多介意。因為她已經知道，姑丈喪失性功能了，不會有什麼事。

周桑周明秀何其人也？姑當然想瞭解，不過不直接詢問，後從閒談中得知，原來早在二十多年前，周明秀因中風而眼斜、嘴歪，遍訪名醫三年，均醫治無效。後聽人說台大有個研究生陳道會治此病，找上門來。陳道每天以自配的藥水為她按摩臉部，慢慢地果然復原了。周感激零涕拜陳為師，崇敬無比。此事周也對姑說過：「我這條命是陳博士救的，一直到現在，仍在醫治。陳博士是我的好老師！」在治療期間，陳道提出向周學習日語，而且也學有所成，又多掌握了一門外語。陳道自美返台之後，業餘繼續為人醫治怪病，又讓周代賣秘方自配之藥。姑丈說：「我是個教授，有薪水拿，不好意思賣藥，就讓她去賣。」理由還說得過去。

姑一貫樸素無華，來台時仍穿大陸帶來的舊衣裳。有一次姑丈請周桑帶她上街去買幾件得體的。周竟把姑帶到百貨店的孕婦專賣櫃，幫姑選了英國呢的連衣裙，寬寬大大的，姑不知是孕婦服，傻裏巴支買回來。好高興地穿出來，姑丈卻說：「就像蒼蠅戴龍眼殼」。姑只穿過這一次，後來只好送人。這時姑隱約感覺，周是在作弄她這個鄉巴佬「阿山婆」。

後來聽姑丈之堂妹元元（現住台南）說，一九五九年姑丈欲往美國留學，她與周明秀同到機場送行，周居然「哭得像個淚人一樣，我感到奇怪，大庭廣眾之下，是朋友，何至於如此出糗？」這次姑丈第二次中風，周到過醫院為他做過背部按摩，挺熟練，挺認真，姑甚感激，還向她學習。可是她走後，護士問姑她是什麼人？姑說是好朋友。護士竟說：「還以為她是陳教授的臺灣妻子，而你是他大陸妻子呢。」姑聽罷很難受，頗有鵲巢鳩占之感。

就在姑丈去世前五六天，意識仍甚清楚時，周曾向姑要過姑丈的身分證，以便領出兩年前以姑丈名義存入銀行的二十七萬元。這錢可能也是賣藥的。可是姑真是個笨鵝，竟啥也沒想，啥也沒問，就將身分證交給了她，而她取罷款全無下文。關於錢財與男女私情的事，姑也自始至終沒有問過姑丈。姑一心只想：我就要你這個人，有你在身旁我就心滿意足了！姑丈也從沒提過，直到臨終沒留下隻言片語的遺囑！

不過，隨著姑丈病情的惡化，周明秀對曾救她一命而「無比崇拜」的病人，態度越變越冷淡。在兩孫來台不久，為多兩間房屋，姑籌款請周的一個親戚在後邊加搭小樓，周主動拿出八萬元給姑湊數。後姑曾要先還她三萬，她不收，也沒再提起過。姑還以為姑丈讓她錢賺多了（與姑丈挺親近的劉嵋恩教授甚至說過：「陳教授的錢，都流到周明秀那裏去了」），她大概是想還情，也是應該的。沒想到卻在陳教授病危在床，姑深陷困境之時竟兩次催討：「你欠我那八萬要拿來還！」電話裏甚至聲明「三不」：今後不管，不帶東西給他吃，不替他買什麼東西，實無異於下井落石！放下電話，姑眼淚奪眶而出，當晚寫了篇〈受窮不受辱〉的日記。有人抱不平，勸姑別理她，姑則說：「欠債當還，這是天經地義。令人氣憤的，是周不該在不當之時催討。」第二天即坐上計程車取來款，托人送過去，並要來了收據。姑也由此斷定，姑丈是個正人君子，不會花心。周明秀也非「情敵」，而是十足的實用主義與功利主義者。否則，縱使陳教授毫無利用價值了，也絕不會甩手而去。

其實，周明秀長期「代賣」高價秘方藥物，自己不知賺了幾百萬！她卻仍見錢眼開，可是也真的「現世報」，周明秀不久患上了膀胱癌。姑三次前往探視，並帶去佛書相贈，周卻不感興趣。她病逝後，姑又參加送殯，後來還作個夢，夢見周桑抓著繩索，正愁苦地攀爬。姑毫不猶豫立即幫她，還扶她坐好。而周還回她一個微笑。姑醒來後發楞，周去世已五年，自己從來沒去想過她，怎麼會有這樣的怪夢呢？想來想去，自解原因有二：一是我本善良，是佛家所說是真心本性；二是我多年學佛有成，承佛威力救了她。姑將此夢與想法告訴了周之子女文岩、淑惠、淑貞，他們甚表感謝，趕快為其母親燒香祭拜，自此便常來看望姑，還次次厚禮相贈。聽過姑訴說與周的瓜葛後，姑丈的研究生謝煥儒曾勸道：「君子斷交不出惡言」。其實何須勸，姑不但不出惡言，還繼續交往，而且交到夢裏及其後代！

回顧與陳道的愛情，主旋律當然是健康的。因此姑在日記裏寫有這樣兩句感語：「愛有如宿在花冠的露珠兒，宿在清純心靈的深處。」她與姑丈的婚姻卻太殘酷，太艱難，太悲慘了。姑丈生前，沒有給過姑以切實的資助，只有厚重的陰影與飄渺的希望。分離的三十一年中，年年只來一兩封家書，而且往往簡單到只寫一張信箋，毫無甜言蜜語，然而卻成為姑賴以頑強掙扎的支柱。姑說，得到姑丈的余蔭，倒在他之身後。姑丈雖然低調生活，君子之交淡如水，從不結幫拉派，但其學識與為人，仍深得周圍人們的敬佩與擁戴。姑細數他的餘蔭：其一、臨終前催她為他快辦退休手續，於是領到一筆退休金；其二、學校分配的教授別墅，她可以免租居住，直到終生；其三、留下祖傳妙藥良方，如按圖索驥，製作了可以賣點錢；其四、同事發起募捐的「生活教育基金會」是一筆可觀的數目。就憑以上數項存入銀行，利息即可維持祖孫三人的正常開支了。

姑皈依佛教，相信佛家之言：人是酬業而來的，也就是報恩、報怨、討債、還債。業既酬，緣也盡了。姑感到，父親與丈夫都死了，兒孫也均能夠自立，因此為人之女、之妻、之母、之祖，她已經盡完責任。現在是無怨、無悔、無牽、無掛，生也何樂？死又何懼！悲歡離合嘗盡人間無限苦，而今均化為灰塵，因此一切隨緣度日……。她重燃的新希望，是無疾而終，然後升往西方極樂世界。她天天誦經禮佛，自我修煉，法喜盈懷！至於姑丈陳道奕堆，姑說不願與之再成來世夫妻，他好研究，祝他來生仍托生為學者，再進實驗室吧！

姑與姑丈的戀情，是柏拉圖式的，固然可歌可泣，但若只說成「生命的讚歌」，那是本末倒置了。應該說，那是悲劇，是對時代的控告！我想起世人都讚嘆的黃山松，說它神姿仙態，妙不可言。事實確實如此，可是須知，那是無土少水，風刀霜劍，雷擊電燒……殘酷懲罰的結果！吾姑的愛情與婚姻，猶如黃山松！

遲來的榮譽

表妹陳一員二〇一四年七月八日自臺北發來簡函與照片，函稱：「老媽昨天受抗日協會宴請，並參加七十七年前盧溝橋事變的紀念展覽大會，還得到一枚紀念章。這是一九四五年九月日本戰敗初降，中華民國政府張榜考試招收『收復臺灣義勇隊』時，她應考合格入伍來台的舊事，現在才給的一點榮耀。」照片有老姑與友人、表妹的合影，有馬英九會上致詞報告像，還有一個盒式紀念章。是一枚八棱圓章，上繫紅白藍三色綬帶。盒蓋內裏印一首《榮耀七七・永志先烈》的自由詩，詩句如下：

中華民國一〇三年
是七七盧溝橋事變七十七周年

抗日的槍聲激發了中國人的團結
戰爭的炮火燃起了英烈們的鬥志
青天白日滿地紅的國旗
召喚了民族的靈魂
東方的雄獅怒吼了

用熱血刊刻歷史的扉頁
化身軀為民族守護之盾
以您之名
永志抗戰不朽
中華民國一〇三年七月七日

我看九十三高齡的老姑神情泰然，氣色甚佳。她大概沒有想到歷盡艱險、苦難之後，臨終竟有此殊榮。我只回表妹一句淡話：「這榮耀來得太遲了，假如老姑還留在大陸，怕還是得不到！」

「主角」的體味

——後記

一九五七年鳴放與反右期間，吾姑差點兒被整死，倒在荒唐的文革中撿回一條命。這事實在是件偶然的意外。一九五七年我還是個中學生，也榮幸上了挨鬥榜，且禍延而至文革，可證「階級鬥爭」學說與實踐之荒謬性。現在，我也談點文革中的一段親身經歷故事吧，或許可略補「偶然意外」的另一方面真相。

「文革是場大鬧劇！」許多人這樣說。作為始終的參與者，我卻想比之為「活報劇」，因為參與者的我、你、他，當時忠於「統帥」，聽從指揮，是十分虔誠的，都「真心實意」地想將「無產階級革命進行到底」。這是長期「階級鬥爭教育」的成績。

所謂「活報劇」，照我的理解就是那種漫畫化了的街頭演出。整整十間年，全國上演的是大的活報劇，占據劇場中心的主角，自然是「最高統帥」及其不斷變換的對手與幕僚。各省市鄉以至大小單位，也無不上演不同的中小活報劇。小活報劇的主角非常龐雜，很難一言而盡。本人當時是個無官無爵的小兵拉子，居然也榮幸地當過一段反面主角，其況味至今記憶猶新。

那是一九六六年中期，黨中央下達〈五一六通知〉，大活報劇——「文化大革命」拉開了帷幕。當時，我在中共福建省委辦公廳秘書處當個「文教秘書」，是高級機關的低級幹部，沒想到稀里糊塗地就當上「主角」——批鬥的對象。其實我到這個全省的最高的權威機關僅一年餘，主要職責是教學，提高二十幾位工農幹部的文化程度。何以便當上了被批鬥的「主角」？原來是「階級鬥爭」的緣續。早在一九五七年，當我還是個高中一下的學生時，就差點沒當上「階級敵人」。當時上頭發動「大鳴大放」，號召「向黨提意見，幫助整風」。我們這些莘莘學子，不懂也極少關心政治，哪能提什麼意見？班主任眼看「完不成任務」，便帶領全班往一所先進的兄弟中學去觀摩、取經。得到啟發，我回來後即連寫九張大字報，集中攻擊蘇聯老大哥。因之遂成被「幫助」（批鬥）的重點之一。然後做無窮的檢查，無限上綱痛罵自己，悔過書寫下一大疊。幸而尚未滿十八歲，沒有被定為右派。可是鳴放的九張大字報底稿以及悔過書都被塞入個人檔案裡，自此背上黑鍋二十多年。服役當了四年兵，別說入黨，連個「五好戰士」也沒沾邊。經過這兜頭的一棒，我自然收斂多了，再不敢像少年時的張狂與好出風頭，對「文化大革命」態度，知道應該抽身自保且作壁上觀。

然而「樹欲靜而風不止」，秘書處文印科打字員姚氏老鄉，聯合他科裡的劉、何兩女，貼出全處的第一張大字報，而其矛頭居然獨獨對準我！他的攻擊材料，是取自我教學時，幫助修改、抄寫並張貼於教室裡的一位王氏工農幹部的「作業」。老王窮苦出身，做過沿街乞丐，我覺得他的回憶性短文頗為生動，便安上「曾是天涯淪落人」的題目，抄貼觀摩。姚劉何們的大字報便說我是「惡毒污蔑」窮苦的階級弟兄！這不是牛頭不對馬嘴嗎？我啞然一笑，回貼一張〈「辛酸淚」及其他〉。當時正流行一首〈不忘階級苦〉的革命歌曲，我抄錄歌中詞句：

「天上佈滿星，／月牙亮晶晶，／生產隊裡開大會，／訴苦把冤申，／萬惡的舊社會，／窮人的血淚仇，／千頭萬緒，千頭萬緒湧上了我的心，／止不住的辛酸淚掛在胸。／／……不忘那一年，／北風刺骨涼，／地主闖進我的家，／狗腿子一大幫，／說我們欠他的債，／又說欠他的糧，／強盜狠心，強盜狠心搶走了我的娘，／可憐我這孤兒漂流四方……」

然後反問：按照姚何劉等的「高明邏輯」，這首「辛酸淚掛在胸」「孤兒漂流四方」的革命歌曲，豈不成了大毒草？我也不忘嘲笑：「想批判別人，請先弄懂人家的真意，切莫狗屁不通就隨處亂放……」他們氣得半死，不管通不通，又湊了幾張大字報。我看實在沒啥內容，心想這種水平也敢來較量，太無聊，懶得用心回敬，只在他們的每張大字報上隨手批幾個字，當然，也是極盡諷刺挖苦之能事。

正值雙方相持，似乎無話可說時候，想不到突然又冒出一張大字報，題目是〈黃冠英是個漏網右派！〉落款處是「秘書處檔案科全體同志」。好傢伙，這明擺著是「全科組織」的集體批判了！其實檔案科只有四個人，科長姓王。

他們利用保管檔案的工作之便，將我一九五七年鳴放錯誤的「資訊」公佈出來，要我「老實交代問題！」我一上大字報，不知秘書處是如何向廳領導彙報的，據說秘書長李某發話了：「要幫助他端正態度！」就憑這把「尚方寶劍」，又有王科長的撐腰，姚們更加來勁了，上躥下跳四處挑動，招來辦公廳其他處室的人紛紛「助戰討伐」，一時掀起了軒然大波。我成了全廳攻擊的靶心。秘書處獨立小樓的走廊上，乒乓球室裡，都貼滿了寫我的大字報。硝煙彌漫，如同上甘嶺！

然而我畢竟是剛退伍的軍人，進機關才一年多，有什麼可以「揭露」的呢？人們卻從檔案科歪曲、泄出的一九五七年鳴放材料，以及我平常的閒談、玩笑中搜羅「罪行」，雞零狗碎，總共湊成二十三條「黑話錄」。當然全是牽強附會、七拼八湊、極盡歪曲的東西。比如一九五七年我的大字報是「攻擊蘇聯老大哥」，時過境遷，「老大哥」現在已變成「蘇修」，引用我的原文只怕有副作用，於是含糊其詞，寫成「攻擊黨的領導」，「不滿黨的外交政策」。現實的「黑話」更是強加的，如辦公廳曾組織到機場參觀國產飛機，回來後有人問感想如何？我說：「好飛機沒讓靠近，只看到場邊一架破舊的飛機……」化為「黑話」則成「他說國產的都是破飛機！」」行政處修理自行車的陳氏小青年，本與我相處甚好。他想去當兵，徵求過我的意見。我說：「你不是有高血壓嗎？行不行，建議聽一下醫生的意見。」由「行政處全體同志」署名的大字報中，變成我「惡意破壞徵兵工作」了……一經成為重點，當然召開全處大會進行「幫助」，批鬥了一場又一場。不過，辦公廳的其他處室除寫幾張大字報外，少人來參加，聽說，他們陸續也各自「揪」出了本處室的「重點」，如機要處的張女士、行政處的方科長、車隊的黃隊長、一二處的南秘書，等等。可以想像，他們的處境與我差不多吧。秘書處將我「隔離審查」了，規定不許走出大門，只許在機關大院範圍之內走動，上班時只可學習毛主席著作，對照錯誤寫檢討。我到底錯在哪裡呢？實在不知道，更想不通！我堅決不承認錯誤，你們叫寫檢查？好吧，索性趁機練書法，盡抄毛主席詩詞與語錄！

一九六六年八月二十六日，機關大院裡突然鑼聲哐哐，雜以眾人的呼喊聲。原來，我們隔壁樓的農工部的「革命群眾」，將其牛氏秘書長「揪」出來了，現在正掛牌、戴高帽「遊街」！姚們興奮起來，我的厄運也跟著到來。大約在下午兩三點鐘，濃眉大眼的姚某兇神惡煞一般，領著他的哼哈二女將光臨了。他們用廢紙簍製成一頂三尺長的高帽，厚木板細鐵絲做塊大牌，上書「牛鬼蛇神黃冠英」，名字倒寫，還打了紅叉叉，硬給我戴上、掛上，再遞來一面銅鑼，推推搡搡，押我到大禮堂外的操場上，強迫我邊走邊敲鑼……後面跟隨的，除了秘書處「全體革命群眾」之外，還有許多家住大院裡的中小學生以及幼稚園的兒童。起初我很慌亂、惶惑、難受，幾乎想哭，但後來漸漸生出「演活報劇」的感覺。我在孩子們的蜂擁推搡中敲鑼行走，迎面看到黃隊長、張女士也一樣裝扮走過來。張是位中年女同胞，平常很注重儀表，此時卻披頭散髮，十分狼狽，情狀淒慘。車隊的黃隊長是老鄉，斜視過來，似乎沉靜得多，但也滿臉黑愁。我向他作個鬼臉，表示無奈。

這天下午，正值省委召集省直各機關第一把手開大會的時候。大院裡的「革命群眾」趁機把挨批的「重點」們推出遊街示眾，以擴大影響。別人遭遇如何不知道，輪到我，卻是出格的「優待」——居然將我一人推到禮堂的舞臺上。我頭戴高帽，頸掛大牌，手拿銅鑼登上舞臺，後面游鬥我的「革命群眾」卻一個也沒敢跟上來。我獨自步到舞臺中心，站定，向台下望去，滿滿當當，整整齊齊地坐著各廳局的領導。我忽然心血來潮，振臂高呼：「毛主席萬歲！」「共產黨萬歲！」有人居然也跟著呼叫，呼應之聲雖然零落，卻也讓我忍俊不住，莞爾一笑。

這一笑大不妥當了，「革命左派」姚某等人氣急敗壞，大喊「打倒漏網右派黃冠英！」拉我下了舞臺，立即押回辦公室批鬥。這時的「革命群眾」似乎也「群情激憤」了，連晚飯都不回去吃，餓著肚子，批鬥通宵達旦！他們批我的「反動立場」，要我這個「漏網右派」交代「反黨反社會主義的罪行」。我說，一九五七年我沒有反黨反社會主義，相反，我是積極回應黨的號召鳴放的，我反的是「蘇聯老大哥，也就是現在的修正主義」。我說其實我沒見過半個蘇聯人，只是道聽塗說，聽說當年的蘇聯紅軍在東北留下不少的混血兒，現在的蘇聯專家摟抱著中國女翻譯從跳臺上跳入游泳池，還做出令人作嘔的動作。我容不得咱中華民族的姐妹在光天化日之下被人侮辱，所以罵一下「老大哥」出出氣，就是這些，不信可以去翻查我的檔案，我在退伍大隊看到過，知道裡面還有大字報的底稿……他們沒有理由批駁，但強詞奪理，批我「不老實」、「狡辯」，謾罵之聲不絕。為了給我個下馬威，以打掉我的「囂張氣焰」，非要我「下跪向毛主席認罪」不可。一雙雙如狼似虎的眼睛，就像要吞噬人似的。我在震耳欲聾的口號聲中已經站著被逼視一整夜，這時「阿Q精神」復活了，心想向毛主席請罪就請罪吧，權當再演一次活報劇。雙膝一彎，屈服了。然而也因此，事後無限痛苦與悔恨。我恨自己的軟弱，居然向喊他「萬歲」的人與侮辱我的人群下跪，腸子都悔青了！第二天，我從高帽上剪下一塊紙片，製成一隻書籤，寫上「一九六六年八月二十六日」，保存起來。我要永遠記住這個「受恥日」，但什麼目的呢？有何用？不清楚！這時我還想不到，從人權的角度審視，那是一個被戲弄、逼迫、摧殘的人，向無視人權的始作俑者及其教唆、麻醉、愚化了的群氓下跪。同演這場鬧劇的人，靈魂與精神其實全都匍匐在地了，何止是下跪。我之「受恥日」，也是他們的「蒙羞時」！

為了幫助我「端正態度」，秘書處抓住不放，天天開會批鬥。有的人出言惡毒，恨不得置我於死地，如姚某；有的人陰陽怪氣，意味深長，如王科長。當然也有以理相勸，溫和開導的，而多數人並不發言，只是跟隨高呼幾聲口號。世態炎涼，各種嘴臉紛紛展露。

就在我被批鬥得昏頭轉向，莫衷一是時候，《人民日報》登出一整版呂玉蘭學習毛主席著作的心得長文。呂是響噹噹的全國勞模，也被批鬥。她在長文中說，對待群眾運動的正確態度，應是把平時的批評、指責看作「洗手洗腳」，而將運動中旋風式的批鬥看作「洗澡」，這樣心情就能擺正。我讀罷感動了，頗受啟發，便引以為榜樣，在會上作檢查：「我沒有呂玉蘭同志那麼寬廣的胸懷和高度的思想水平，屢與大家對抗，確實錯了，以後一定糾正！」我的檢查是誠懇的，出自真心，也得到一些人的諒解與同情。我們科的陳某立即表態：「早有這樣的態度就好啦，黃冠英同志其實有啥大問題呢……」然而他的話音剛落，一個更大的聲音發出來了：「同志們別上當！」我轉頭一看，掄著發言的，是檔案科的王科長。待大家都安靜下來後，他繼續說，「黃冠英是將自己比作全國勞模呂玉蘭，而將大家看成興風作浪的反動勢力，大家可別上他的當啊！」他的挑動十分有效，姚某隨即舉臂高呼「打倒漏網右派黃冠英！」「打倒牛鬼蛇神黃冠英！」「左派」一帶頭，群眾緊跟隨。剛剛說了良心話的陳某，是個困難戶，他老婆坐月子時，我曾送去羊腿（有人因而上綱上線說是「收買工農同志，居心叵測！」），這時竟也趕快附和，立即宣佈收回。「好心變作驢肝肺，真是一點不假！」我想。就這樣，剛剛霧散欲晴，旋又黑雲壓頂，雷聲滾滾而來了……我咬住嘴唇不吭聲，心想：一九五七年的鳴放錯誤，是「檔案科」披露的，這回會場動向，是王科長在左右。我終於明白了，是他，這個王科長，才是真正的操控者。對這位從幕後走到幕前的王科長，我雙眼直瞪，目不旁顧。王科長立即怯步了，再沒敢多發言。我耳邊聽到秘書科的李女士輕聲喟嘆：「看看，看看，他眼睛那麼兇……」她是省委王秘書長的夫人，一位慈目善眼的老大姐，在潮流面前也流露這樣的心情。但使我想不通的是，這個我向來尊敬，從無得罪過他的科長、黨支宣委王某，為什麼要歪曲、搗鬼，把我死死按住呢？而老鄉姚某，我絲毫沒有跟他過不去的事，為什麼非置我於死地而後快？我百思不得其解！

後來，首都大學生南下「搧風點火」，乾坤更沸騰。我因「受反動路線迫害」得以糾正，平反了。也不知如何轉接，王科長與姚某人竟相繼成為「敵嫌」。據「揭露」：前者是因出身地主兼資本家家庭，解放前夕「混入革命隊伍」；後者被發現私藏一張「軍用地圖」，居心叵測。已進駐辦公廳的軍代表私下告訴我，姚某很可能將更重要的罪證轉移到其岳母處，讓我帶隊前往抄家。我遵命帶了一卡車的人去了，看到姚的岳母住在大雜院裏，家庭貧苦，同屋結鄰的幾家也大體相似。這哪像是反革命？便招呼大家別動，上車回去！軍代表很不滿，批評我「立場不堅定」，可又讓我主持批鬥姚某，且鄭重其事地交代：「一定要下狠心，非鬥出戰果不行，這是黨的考驗！」可我，正如後來一首歌所唱的：「我心太軟，心太軟……」因為知道比我早一年進辦公廳的老鄉姚某，在部隊裡是個測繪兵，退伍時撿張廢圖包東西，或留張自己繪製的地圖作紀念，都是有可能的。我心裡這樣想，卻不敢公開道破。批鬥會上，我讓姚某坐下，說：「你有什麼問題自己交代好了。你放心，我不會像你鬥我那樣，絕不會戴高帽遊街，也不喊一聲口號……」這個兇神惡煞居然流出了可憐的眼淚，可見多少還留點人性，雖然微乎其微。批鬥的「戰果」自然可想而知……後來我終於得知，姚某害我，是出於嫉妒，因我比他遲到單位，卻似更占風頭，如能將我批倒批臭，他即可望「火線入黨」；王科長是為了自保。他吸收反右經驗，以為揪出個重點，即可轉移目標。他們都是出自私心，而惡劣的政治氣候，又促使私心無限膨脹，變成可怕的獸性，與「革命」根本無關！

以上所記，是我親歷半年的活報劇，時間為「十年文革」的二十分之一，但已足見證其兒戲般的荒唐。可是無人道的折磨也充分表露出來。辦公廳機要處的一位鮑氏中層領導，整人不惜手段，火燒到自己時，居然「畏罪自殺」了。隨著運動的深入，各地的活報劇越演越離奇越荒唐，「武鬥」之火燃遍神州，死人之事更難以計數。

我遭受半年多的欺侮、迫害，終得「平反」、「糾正」，據說因為那時是貫徹「劉少奇的反動路線」。倘若我觸犯的是毛主席的「正確路線」，「一揪到底」，我恐怕就沒命了。然而，何謂「反動路線」？何謂「正確路線」？當時是誰掌權柄，誰說了算。我卻始終沒弄明白，至今猶然，現在的感覺是一片糊塗賬，「春秋無義戰」！

「文化大革命」，其實是用一種邪惡的「階級鬥爭」學說，拿億萬人民的生死做的試驗。這真像有個巨人，將大海當盆，把芸芸眾生芝麻、綠豆似的傾倒進去。巨人左傾右斜、來回晃動，芸芸眾生便隨潮漲落、沉浮，全被晃暈了頭，於是任憑戲弄！巨人遊戲（謂之為「革命實踐」），「其樂無窮」，結果卻造出千萬人喪命的滔天罪行。還好「十年八年再來一次」的宏願被終止了，但現在還用「宜粗不宜細」啊，錯誤只是「擴大化」呀，「母親錯打兒女不計較」呀，輕描淡寫加以淡化、掩飾，無論如何也抹不掉親身體驗的極左政治的虛偽與殘酷！

二〇一五年五月十二日

Do人物031　PC0510

紅太陽沒有照到我身上

作　　者／黃冠英
責任編輯／段松秀、李書豪
圖文排版／連婕妘
封面設計／楊廣榕

出版策劃／獨立作家
發 行 人／宋政坤
法律顧問／毛國樑　律師
製作發行／秀威資訊科技股份有限公司
地址：114 台北市內湖區瑞光路76巷65號1樓
電話：+886-2-2796-3638　傳真：+886-2-2796-1377
服務信箱：service@showwe.com.tw
展售門市／國家書店【松江門市】
地址：104 台北市中山區松江路209號1樓
電話：+886-2-2518-0207　傳真：+886-2-2518-0778
網路訂購／秀威網路書店：https://store.showwe.tw
國家網路書店：https://www.govbooks.com.tw

出版日期／2015年7月　BOD一版　**定價**／200元

|獨立|作家|
Independent Author
寫自己的故事，唱自己的歌

紅太陽沒有照到我身上 / 黃冠英著. -- 一版. -- 臺北
市 : 獨立作家, 2015.07
面； 公分. -- (Do人物 ; PC0510)
BOD版
ISBN 978-986-5729-79-0(平裝)

1. 黃冠英 2. 回憶錄

782.887 104006719

國家圖書館出版品預行編目

讀者回函卡

感謝您購買本書，為提升服務品質，請填妥以下資料，將讀者回函卡直接寄回或傳真本公司，收到您的寶貴意見後，我們會收藏記錄及檢討，謝謝！
如您需要了解本公司最新出版書目、購書優惠或企劃活動，歡迎您上網查詢或下載相關資料：http:// www.showwe.com.tw

您購買的書名：________________________________

出生日期：________年________月________日

學歷：□高中（含）以下　□大專　□研究所（含）以上

職業：□製造業　□金融業　□資訊業　□軍警　□傳播業　□自由業
　　　□服務業　□公務員　□教職　□學生　□家管　□其它____

購書地點：□網路書店　□實體書店　□書展　□郵購　□贈閱　□其他

您從何得知本書的消息？

□網路書店　□實體書店　□網路搜尋　□電子報　□書訊　□雜誌
□傳播媒體　□親友推薦　□網站推薦　□部落格　□其他________

您對本書的評價：（請填代號　1.非常滿意　2.滿意　3.尚可　4.再改進）

封面設計____　版面編排____　內容____　文／譯筆____　價格____

讀完書後您覺得：

□很有收穫　□有收穫　□收穫不多　□沒收穫

對我們的建議：________________________________

____

____

____

請貼
郵票

11466
台北市內湖區瑞光路 76 巷 65 號 1 樓
獨立作家讀者服務部 收

（請沿線對折寄回，謝謝！）

姓　　名：＿＿＿＿＿＿＿＿　年齡：＿＿＿＿　性別：□女　□男

郵遞區號：□□□□□

地　　址：＿＿＿＿＿＿＿＿＿＿＿＿＿＿＿＿

聯絡電話：(日) ＿＿＿＿＿＿＿＿ (夜) ＿＿＿＿＿＿＿＿

E-mail：＿＿＿＿＿＿＿＿＿＿＿＿＿＿＿＿